广西高校人文社会科学重点研究基地广西老区振兴发展研究基地基金资

U0582978

心理契约
对知识共享行为的影响研究

THE IMPACT OF PSYCHOLOGICAL CONTRACT ON
KNOWLEDGE SHARING BEHAVIOR AS MEDIATED BY HARMONIOUS TENDENCY

李 霖◎著

经济管理出版社
ECONOMY & MANAGEMENT PUBLISHING HOUSE

图书在版编目（CIP）数据

心理契约对知识共享行为的影响研究 / 李霖著.
北京 ： 经济管理出版社，2025. 7. -- ISBN 978-7-5243-
0519-4

Ⅰ. G302

中国国家版本馆 CIP 数据核字第 2025SN8643 号

组稿编辑：赵亚荣
责任编辑：赵亚荣
一审编辑：王虹茜
责任印制：许　艳
责任校对：王淑卿

出版发行：经济管理出版社
　　　　　（北京市海淀区北蜂窝 8 号中雅大厦 A 座 11 层　100038）
网　　址：www. E-mp. com. cn
电　　话：（010）51915602
印　　刷：唐山玺诚印务有限公司
经　　销：新华书店
开　　本：720mm×1000mm/16
印　　张：10. 5
字　　数：143 千字
版　　次：2025 年 8 月第 1 版　　2025 年 8 月第 1 次印刷
书　　号：ISBN 978-7-5243-0519-4
定　　价：78. 00 元

前　言

　　目前，在知识管理领域知识共享行为是学术界和商业界共同关注的新焦点，知识获取及学习的成功与否决定了知识共享是否真正实现。然而，在已有研究中学者们主要从知识共享的过程和模型、经济方面的分析以及共享的技术手段等方面对知识共享行为进行探讨，组织中个体层面的心理契约对知识共享行为影响机理的相关研究几乎为空白。鉴于此，本书通过心理契约理论，结合和谐理论，以员工个体和谐倾向为中介变量，探讨其在心理契约与知识共享行为之间的作用机理，构建心理契约在和谐倾向作用下对知识共享行为的影响过程模型，挖掘自我效能感在和谐倾向和员工知识共享行为之间的调节作用，并进行实证研究。研究结果显示，交易型心理契约、发展型心理契约、关系型心理契约均正向影响知识共享行为，员工个体和谐倾向在心理契约与知识共享行为之间起中介作用，自我效能感积极影响着员工和谐倾向和知识共享行为等变量间的关系。本书的研究结果拓展了知识共享行为的研究视角，为国内外知识管理研究提供了理论参考，丰富了和谐管理的研究成果，为组织行为学和知识和谐管理的研究提供参考，优化员工知识共享行为的管理实践。

目　录

第1章 绪论

1.1 研究背景

自改革开放以来，我国在进行对外开放的各项经济活动中，有针对性地实行了相关政策和措施，由此开启了改革开放的时代巨幕。有研究者认为，国内外市场的不同需求量有助于促进中国经济的增长（海闻，2006），而中国商业活动也从早期的依赖大量廉价劳动力的活动变为大力发展信息密集型的高价值活动，这样的转变足以说明中国商业活动对有效知识管理的需求，这也是几十年来越来越多的中国企业取得成功的关键因素（Maris & Robert，2007）。人类对知识资源的有效开发和利用使生产力提高以及经济长期且稳定的发展，这是经济合作与发展组织公布的研究报告中所指出的中国当前的现象，如此，表明世界知识经济时代开始到来（宋芳，2021）。

近年来，随着信息技术的兴起，中国各行业数据量呈爆炸式增长，这促使中国知识管理研究悄然进入成熟发展阶段。在这一阶段的知识共享过程中，为了实现知识增值，知识拥有方将知识载体中的知识通过交流和分享等方式使知识需求方获取并消化知识（储节旺、张静，2016）。知识共享作为一个核心的环节，能够帮助企业协调、配置、重组内外部现有的知识，并且探索、创造新的知识，由此得到持续的发展（李佳宾，2019）。知识共享行为是协助他人学习的一种行为，对于学习来说是"施教"的过程，所以"知识共享"实际上是一体两面的沟通过程（Senge，1990）。在此过程中，对知识提供者和知识获取者而言，前者属"教"的范畴，后者则属"学"的范畴。不仅如此，在知识共享的双向互动过程中，组织、环境等因素都会对知识共享行为产生影响（宝贡敏、徐碧祥，2007；胡士强等，2010）。因此，为了保证知识共享的成功实施，了解知识获取者的需求、行为和经历，采用不同手段以支持获取者是很有必要的（Dixon，2002；杨吕乐等，2018）。尤其是在以心理契约和雇佣契约为组织重要体现的雇佣关系的模型中，能够从雇佣关系中的交易内容的角度，对心理契约进行更细致、更微观的分析。这不仅说明了心理契约研究的重要性，也是较多的学者建议用心理契约来分析组织中的雇佣关系的原因之一（孙彦玲、张丽华，2013）。在企业组织中，很多组织都在做着知识管理这一重要工作，管理者试图通过季度活动 TCS（Total Customer Satisfaction，总体顾客满意度）分享知识并整合其他部门的意见，用自身知识管理实践来推动知识共享和创新，培养员工贡献知识的习惯，以建立和谐的人际关系。所以，本书在之前学者的研究成果的基础上，进一步地探讨心理契约作用下个体和谐倾向所存在的差别，并将个人的知识共享行为与个体和谐倾向关联起来，研究不同类型的心理契约对个体和谐倾向的作用及对组织内个体层面的知识共享行为的影响。同时，从理论和实证角度对组织内个体和谐倾向的影响及其作用机制做进一步的探析。

1.2　研究目的和意义

1.2.1　研究目的

知识管理是指以知识为中心进行的一系列活动。其中，个体成员的知识共享行为的基本手段是创新和对知识的应用，这既是核心又是关键。当前，已有学者从组织的层面、群体的层面和个体的层面等多个维度与层次对组织中的知识共享行为进行探讨。这些研究主要集中在知识共享的过程和模型、经济方面的分析以及共享的技术手段等方面，而组织中个体层面的心理契约对知识共享行为影响机理的相关研究几乎为空白。同时，通过梳理知识共享行为的相关文献，发现组织中个体层面的知识共享尤为关键，而在现有文献中，较少从个体层面的知识共享客体即知识获取方的视角来探究知识共享行为。通过梳理已有研究，借鉴前人研究成果，本书将以个体层面为切入点，运用社会交换理论深入剖析员工个体心理契约对知识共享行为的影响。同时，进一步探讨知识共享客体和谐倾向在心理契约与知识共享行为之间的中介效应以及个体自我效能感的调节作用，旨在为知识共享行为研究提供理论依据，得出有效的参考数据，充实现有的相关理论。

1.2.2 研究意义

（1）理论意义。首先，"心理契约"这一术语最早由组织心理学家 Argyris（1960）在其所著的《理解组织行为》一书中提出，并以此来描述工厂内雇员和管理者之间的关系，这种关系具体表现为：如果管理者采取一种积极的领导方式，雇员就会产生相应的乐观行为；当管理者尊重雇员的非书面文化规范时，雇员则减少抱怨，并提高自身的工作效率以作为回应。所以，大多数学者都认同心理契约会妨碍或推进成员的个人行为和对组织的信任，进而妨碍或推进成员对组织的承诺和团队间的合作意愿（Murnighan，2002；朱文清，2020）。在现有研究的基础上，本书将进一步探究心理契约对知识共享行为的影响路径。

其次，我国长期以来一直提倡构建和谐社会，近年来与和谐这一话题相关的研究逐渐增多，涉及组织管理领域。根据已有研究，稳定的员工队伍不但可以提升团队精神，还能体现出员工之间和谐的人际关系，从而增强企业活力，提高企业绩效。由此说明，和谐的人际关系是组织管理成功的重要标志。因此，众多学者都提出通过提升组织市场竞争力来建立和谐的人际关系以改善组织内部关系和组织文化的建议。在以往的研究中，大都是从理论上探讨和谐倾向及其本质，研究和谐的积极作用，但如何将和谐与具体的工作行为、绩效联系起来，仍然缺乏必要的探索和论证。因而，本书将通过员工个体和谐倾向这一中介变量来对心理契约与知识共享行为之间的联系进行解释。

最后，通过对以往研究成果的收集、整理得知，对知识共享行为的研究主要集中在知识主体部分，前人根据对"知识共享"一词的理解和其定义将知识共享解释为知识获取者理解、吸收和整合新的知识，并将其转化为自己知识的一个过程。本书结合社会交换理论、心理契约理论，从知识共享客体即知识获取方的心理契约视角出发，构建出以知识共享对象和谐倾向为中介效应对知识共享行为的作用模型。结合自我效能感理论，检验在自我效能感的调节作用下，心理契约、个体和谐倾向和员工知识共享行为的变化，为管理学理论和实践的发展提供新的方向。从管理实践来看，人们逐渐认识到，在知识经济时代，应当借助整合以及共享的方式，充分挖掘和运用组织中已有的知识，从而更有效地促进新知识的创造和应用，进而获取既可持续又能促进发展的核心竞争力，并研究不同水平的自我效能感对具体作用路径的影响，由此拓展知识共享行为的相关理论。

（2）实践意义。知识管理研究领域中，已有少数学者开始关注影响知识共享行为的个人因素。其中，从雇员视角出发的心理契约、人际关系倾向会对知识获取方的行为产生非常重要的影响。个体层面的知识获取方在知识共享行为产生后不只是满足于单纯地获取经济利益，同时还希望能满足更高层次的心理需求，这使雇佣关系不仅要依靠雇佣契约来管理，知识共享对象的知识共享态度、效率以及行为也均会因为心理契约的变化而发生较大的改变。因此，探索当代组织中个体层面的知识共享行为，有助于丰富和完善知识共享行为理论。组织内的知识共享行为可以是一种具有和谐倾向的沟通过程，具体体现在向他人转移知识时，知识获取方即知识共享客体需要凭借共享意愿才能将分享的知识吸收，以此达到知识共享的完成。此外，员工之间的知识共享行为拥有知识的交流与分享的特点，组织学习亦是分享知识的重要方法，故在知识分享的过程中，员工间会进行一定的交流和学习，通过对知识的吸收、运用、转化，最终创造新的知识。本书从组织内员工个体层面的心理契约视角进行研究，有助于解释知识获取方本身与知识共享行为之间的关系，为进一步研究知识创新的相关问题提供理论支持，拓宽思路。

1.3　研究内容

本书以高等院校毕业后入职的企业员工为研究对象，主要研究内容包括以下四个方面：

（1）研究企业组织中个体层面的心理契约对和谐倾向的影响。本书先回顾国内外关于雇佣关系及心理契约理论的文献，对我国组织内员工个体层面的心理契约对知识共享客体和谐倾向的影响进行探索性研究和检验性研究。

（2）探讨组织内知识共享中个体和谐倾向对知识共享行为所产生的影响。组织管理研究领域中提到的和谐概念，从宏观角度是指组织管理期望达到的理想目标或精神境界；从微观角度则指的是组织中成员间的互动以及成员之间的联系类型。因此组织中员工之间人际关系的和谐不但说明其能够稳定员工队伍，提升团队精神，提高组织绩效，起到增强企业活力的作用，还体现出和谐的人际关系是成功管理的重要标志。另外，学术界普遍认同自我效能感可以直接影响人们的动机和行为，学者们常将该因素用于探究个体对自身能力的信念对个体行为产生的影响。因此，在具有和谐倾向的情境下，知识获取者自身的自我效能感能使其带着强大的信念，相信自己有足够的学习能力、吸收能力和运用能力以应对有难度的工作，从而会采取积极主动的行为进行相应的调节，以促使知识共享行为的完成。对此，本书以员工个体层面为切入点，检验和谐倾向在心理契约与个体知识共享行为之间的中介作用，以及自我效能感在员工个体和谐倾向与知识共享行为之间的调节作用。

（3）探析在组织里员工个体的心理契约如何影响知识共享行为。本书基于中国企业的实际情境，以心理契约为自变量，知识共享行为为因变量，从雇佣关系中的员工视角检验个体层面的心理契约对知识共享行为产生的影响。

（4）研究员工个体层面心理契约的三个维度下，和谐倾向影响知识共享行为的内在机理。本书将选择和谐概念中人际关系之间积极维护彼此融洽关系的一种倾向即和谐倾向来探讨其在心理契约与知识共享行为之间的作用，对发现适合解释中国企业组织中个体层面的心理契约、和谐倾向及知识共享行为的特点的相关理论和模型具有启示意义。与此同时，为中国企业组织的未来发展提供了理论参考。

1.4　研究创新

（1）研究视角创新。知识共享属于知识提供者和知识获取者双方共同作用的沟通行为，两者都必须同时存在，且当知识提供者分享知识时，需要接收者有足够的能力去学习、获取、接收并消化共享过来的知识，只有这样知识共享才算得上成功实施。以往的研究主要倾向于对知识共享中的知识提供者这一主体进行研究，研究内容是知识共享主体的知识共享行为、内在作用以及知识转移的过程，极少从知识共享中的知识获取者这一客体角度出发进行相关研究，更未发现从知识共享客体和谐倾向的角度进行相关研究。因此，本书将已有的社会交换理论、心理契约理论、和谐管理理论、自我效能感理论作为基础进行研究，以高等院校毕业后入职的企业员工即知识共享获取者为研究对象，从和谐倾向这一新视角出发，通过定量研究，分析其对知识共享行为的影响。此外，在相关文献中尚未发现从知识共享获取者员工个体心理契约的角度通过和谐倾向的中介效应，影响个体知识共享行为的研究。

（2）研究内容创新。本书针对中国社会文化的特点，通过将和谐倾向融入知识共享行为理论研究，发掘隐藏在知识共享背后的我国特有的现象，为我国企业管理提供操作性更强的指导与建议。本书的中介变量为知识共享对象和谐倾向，选择自我效能感作为调节变量，研究心理契约与知识共享行为之间的关系以及知识共享对象和谐倾向的调节效应，提出"心理契约—员工个体和谐倾向—知识共享行为"的结构方程模型，借助该模型，深入探讨了知识共享对象的心理契约对知识共享行为的影响，进一步丰富了相关理论。有利于企业组织更有针对性地实施管理，从而发挥和谐倾向对知识共享行为的积极影响，发挥自我效能感的调节作用，进一步促进员工个体的知识共享行为。

（3）研究观点创新。构建了和谐倾向情境下，以自我效能感为调节变量的员工个体心理契约对知识共享行为影响的研究模型。本书以员工个体和谐倾向为研究视角，首次提出具有中国文化特征的个体和谐倾向对知识共享行为的中介作用，以及自我效能感对个体和谐倾向与个体知识共享行为二者关系的调节效应，继而建立关系模型，以深入研究心理契约对知识共享行为的内在机制，并采用实证研究的方法探讨这些变量相互间的数量关系和妨碍程度。

1.5　研究方法与技术路线

1.5.1　研究方法

为解决本书提出的研究问题，本书综合使用理论研究与实证研究相结合的方法，采用了文献研究法、问卷调查法和数据统计分析法。

（1）文献研究法。在众多的科学研究方法中文献研究法最为基本，也最为重要。本书将借助现有的文献研究结果、传统的在线文献搜索工具等，紧紧围绕"心理契约""和谐倾向""知识共享行为""自我效能感"四个关键内容进行文献研究，总结国内外已有的相关研究方法和成果。具体做法为：收集并系统地研究国内外相关文献，梳理和分析各学者提出的具体概念、定义及测量维度等，总结之前研究的优势和局限性，最终结合组织管理中的实际情况，提出研究假设并构建理论模型，探讨在和谐倾向的中介效应下及自我效能感的调节作用下知识共享行为的内在机制。

（2）问卷调查法。管理研究中最常用的数据收集方法就是问卷调查法（Tsui & Lau，2002）。问卷调查法是指以书面的方式提出问题，收集研究所需要的数据，包括问卷的设计、预测与改进、正式调查和数据分析四个步骤。由于问卷测量的质量直接关系到整体研究的质量，因此本书的具体做法为：先收集国内外相对成熟的问卷，通过整理筛选，制定出适合本书的问卷及题项。本书问卷所设置的被调查人员的基本信息，采用单项选择的方式，具体包含性别、年龄、受教育的程度、收入等。同时，通过心理契约量表、知识共享行为量表、知识共享对象和谐倾向量表、自我效能感量表来测量相关变量。其中，"和谐倾向""心理契约""知识共享行为""自我效能感"四个变量采用李克特五点量表进行测量，1~5分别为非常不同意、比较不同意、一般、比较同意、非常同意。

（3）数据统计分析法。本书先对小样本进行问卷调查，获取数据后进行相应的信效度分析，剔除部分题项后确定最终的调查问卷。在正式问卷调查部分，首先对数据进行频数分析，观察调查对象的样本特征，对数据的特征进行分析；其次分析数据的信度和效度，检验量表的信度和效度，并进行描述性分析和相关性分析，对各研究假设进行验证；最后进行回归分析，并借助中介效应检验和调节效应检验分析各变量间的关系，最终确定研究假设的模型，分析各变量相互间的作用路径。

1.5.2 技术路线

本书基于对心理契约、和谐倾向、自我效能感以及知识共享行为的相关文献的梳理，总结了员工个体知识共享行为研究的现状及不足，按照以个体和谐倾向为中介变量、自我效能感为调节变量的"员工个体心理契约—和谐倾向—知识共享行为"的逻辑框架，建构本书的研究路线。本书的研究对象为知识共享接收方即高等院校毕业后入职企业的员工，并以此为切入点，展开对以毕业于高等院校为背景的企业员工的知识共享行为问题的研究，着重对组织内员工的知识共享行为进行探讨。基于以上内容，绘制技术路线图，如图1-1所示。

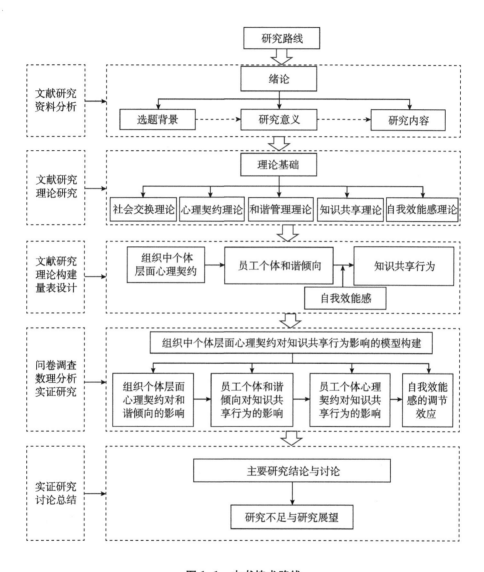

图1-1 本书技术路线

资料来源：笔者整理。

1.6 本书结构

本书研究了心理契约视角下知识共享对象和谐倾向对知识共享行为的影响。为探究知识共享对象和谐倾向对知识共享行为的作用效果，结合上述研究过程，将研究内容分为6章，各章主要内容如下：

第1章为绪论。主要阐述了本书的研究背景，进而表明了研究目的，从现实和理论的角度提出了研究意义，并简要介绍了研究的方法、主要的研究内容、研究的创新点、技术路线和本书结构。

第2章为概念界定与文献综述。结合提出的研究问题，通过查阅相关文献，了解相关研究现状，梳理研究脉络，确定相关概念。该章围绕"心理契约""和谐倾向""自我效能感""知识共享行为"四个方面进行文献收集，整理之前学者的研究内容，为本书的研究奠定基础。通过对已有文献进行梳理，发现目前研究中存在的问题和空白，进而提出主要研究内容：心理契约对知识共享行为的影响研究，以个体和谐倾向为中介变量，并以自我效能感为调节变量。基于已有的文献研究，以高等院校毕业后入职企业的员工为研究对象，从和谐倾向这一新视角出发，通过定量研究，分析员工个体和谐倾向对知识共享行为的影响。此外，在相关文献中尚未发现从个体层面心理契约角度通过和谐倾向的中介机制，在自我效能感的调节作用下，研究其对个体和谐倾向及知识共享行为二者关系的影响。

第3章为理论基础与研究假设。鉴于知识共享行为问题是一个涉及心理学、管理学、社会学等多学科的综合性问题，该章根据前人的研究成果，结合和谐倾向、自我效能感等关键因素，首先介绍与本书研究内容相关的理论，包括心理契约理论、和谐管理理论、社会交换理论、自我效能感理论、知识管理理论。其次在文献综述和相关理论的基础上，提出了本书的研究假设，并阐明了具体的研究模型。

第 4 章为问卷设计与测量研究。为了验证第 3 章提出的研究假设，本章采用了实证研究的方法。该章先介绍了研究模型中各变量的具体维度和测量量表。此外，还介绍了关于小样本预调研的分析方法，并验证问卷的信效度。为了检验问卷的科学性和合理性，以 104 个样本进行预调研，在进行了因子分析和信效度检验后，确定最终的正式问卷题项。

第 5 章为实证分析与假设检验。本章在收集正式的调查问卷后，依次借助频数分析观察调查对象的样本特征。然后进行信度和效度分析，在模型检验的基础上对研究变量进行相关性分析、描述性统计分析和回归分析，检验心理契约、员工个体和谐倾向、自我效能感、知识共享行为等几个变量之间的关系，并通过中介效应检验和调节效应检验，探讨知识共享对象和谐倾向在心理契约与知识共享行为之间的中介效应和自我效能感在个体和谐倾向与知识共享行为之间的调节效应。

第 6 章为研究结论与启示。本章将第 5 章的实证分析作为基础，结合理论、文献、实践等因素对各变量之间的关系、相关变量的中介作用和调节效应进行详细的分析和讨论，总结本书的发现及其对管理理论和实践的参考价值，指出不足之处，探讨未来可深入研究的方向。

第2章 概念界定与文献综述

本章将从四个方面对现有文献进行回顾，主要包括心理契约、和谐倾向、自我效能感及知识共享行为的概念界定与相关研究总结，广泛收集和系统整理国内外相关文献，对之前的研究进行梳理和总结，最后提出本书需要解决的问题。

2.1 概念界定

2.1.1 心理契约

20 世纪 60 年代初，心理契约的概念开始在管理领域被提出。研究学者选用该词的目的在于强调：在成员与组织之间的联系中，不仅包含已公开说明的正式经济契约的规定，还包括未公开且非正式的、隐含的相互理解和期望，以上内容共同构成了学术界所认同的心理契约概念。Argyris（1960）首先引用了心理学领域的心理契约的概念，并对其进行了详细的论述。然而，Argyris（1960）只是对概念进行了讨论，并没有给出明确的定义。Schein（1965）认为，心理契约是雇佣关系中的一种未书面化的期望，不但包括工作的完成程度和对应的报酬量，还包括员工和企业之间的各种责任和权利，强调的是双方之间一致性的期望。Kotter（1973）通过研究发现雇主和雇员双方的期望值匹配度越高，雇员的工作效率和工作满意度就会越高，离职现象就会减少。Fox（1974）将心理契约与雇佣关系结合起来，将"互惠规范"（Norm of Reciprocity）作为分析雇佣关系中潜在心理契约的核心概念，然后将公平、权利和信任放到积极的心理契约范围里进行研究，结果发现心理契约能有效推动工作场所的管理者与雇员之间的信任程度由低向高发生改变。早期的心理契约的概念被认为是在雇佣双方之间的一种没有标准化和书面化的契约或期望，不同学者对其概念的界定具有一定的差异性，故各学派之间的争论也由此产生。

以卢梭、莫里森、罗宾逊等研究者为代表的"卢梭学派"认为，心理契约是雇员在雇佣关系中对自我义务的理解。Rousseau（1990）指出，心理契约应从组织与员工的双向互动关系中入手，是对双方义务的理解。学者Rothstein 和 Robinson（1994）进行了进一步的研究，发现员工现有的组织交换承诺与内部贡献因素（努力、忠诚、能力等）的交换感之间存在关联。Morrison 和 Robinson（1997）对心理契约的概念进行了深入研究，指出心理契约是指员工在工作与自我之间履行的一种义务，是以对承诺的主观理解作为基础的，但它不一定会被其他个体或组织所感知到。这种学派对心理契约的研究从传统的雇佣双方——个体和组织两种水平的"双维度、四方格"的研究逐渐转移到雇员个体单一水平的"单维度、两方格"的研究，即由"组织理解的雇员责任、组织理解的组织责任、雇员理解的雇员责任和雇员理解的组织责任"四个角度转化为"雇员理解的雇员责任和雇员理解的组织责任"两个角度。

而以 Guest、Herriot、Conway 等为主的英美研究者构建了"古典学派",他们主要强调应当遵循心理契约提出时的原本含义,认为其是雇佣双方对相互义务的理解。Herriot 和 Pemberton (1995) 认为 Argyris 所提出的心理契约概念有别于 Parks 和 Rousseau 所提出的概念。后者则表示心理契约只是雇员自己心目中所认为的契约标准,这些标准较少地概括契约化的变化过程。Pemberton 和 Herriot (1995) 同样代表着古典学派的观点,认为心理契约应是雇佣双方对他们之间的关系以及他们向彼此提供的价值的主观理解。

在对组织行为进行研究时,以心理契约为主的研究可以更加详细地分析雇佣关系的本质,由此也可以说明心理契约是雇佣关系的重要体现。目前学术界依据具体内容在结构上对心理契约进行了多维度划分,主要包括二维结构及三维结构。另外,学术界运用心理契约来分析雇佣关系,最终形成了两条路线:一条路线以 Rousseau 为代表,用心理契约的模型从员工的角度对雇佣关系进行研究;另一条路线以徐淑英(Tsui)为代表,从雇主的角度出发对员工—组织之间的关系进行解释,分析雇佣关系。此后不久,徐淑英(Tsui)给出新的视角,从员工角度进行相关研究,并提出了四种不同类型的心理契约:交易型心理契约,该类型的任务具体详细,雇主会提供短期的报酬;过渡型心理契约,该类型的任务较为模糊,雇主同样会提供短期的报酬;平衡型心理契约,该类型的任务不但具体详细,且雇主提供的是长期的报酬;关系型心理契约,该类型的任务虽然不明确,但是雇主也会提供长期的报酬。而在中国文化背景下,李原(2002)通过实证研究探讨中国员工的心理契约,研究结果显示:用三维结构来描述中国员工的心理契约更为合理,即在组织对员工的责任和员工对组织的责任两个方面,均包括三个基本维度：规范型责任、发展型责任和人际型责任。陈小锋（2012）结合中国企业的实际情况进行实证研究，指出心理契约具有复杂性、主观性、动态性和双向性等特征，并根据这些特征给出了心理契约的三个维度：交易型心理契约、关系型心理契约和发展型心理契约。

综上所述，虽然国内外学者对心理契约进行划分的维度有所不同，但在概念的本质上均表现为组织与组织成员之间是以交换关系中的承诺为基础的，我们可根据相互义务的主观感知和主观感知的特征从狭义和广义两个方面对心理契约作出理解。狭义的心理契约源于组织成员对组织发展方针、内部文化和实践的理解以及对不同层次的人员所对应的承诺的认知。心理契约的广义理解是雇佣双方以各种不同形式的承诺为基础，对双方义务的理解，侧重于关注"心理"的成分。对于研究视角，有雇佣双方的视角、雇主视角和员工视角。本书将通过实证研究，依据研究对象自身的特征，采用多名学者提出的研究观点，从员工个体视角出发对员工心理契约做进一步的探究，采用陈小锋（2012）提出的观点，探讨员工个体层面的交易型、关系型和发展型三个维度的心理契约。

本书认为在心理契约的三个维度中，从员工对责任的感知这一方面探讨员工心理契约能更深层次地了解组织内个体行为的内在机制，更能客观地体现组织中员工因为个人感知而为组织担负的责任，因为个体行为的产生取决于个体对事物的认知。陈小锋（2012）提出的心理契约三维结构是基于中国本土研究，在讨论中西方文化差异时特别强调的，该结构包含的内容更符合富有中国文化的社会关系，这一观点也在一些实践中得到了认证。在这三个维度中，交易型心理契约是指成员通过努力工作，换取组织给予的相应的报酬和绩效奖励，这是以经济利益为基础而形成的关联契约关系，简称"交易契约"（Transactional Contract），一般具有短期、强调"等价交换"的特征。

关系型心理契约较交易型来说更为抽象，是指成员以付出长时间的工作和忠心等为代价，用以换取组织的能力认同、培训机会等，以社会情感交换为基础而形成的关系，被称为"关系契约"（Relational Contract），具有长期性以及与组织"共存共荣"的特点，强调的是员工个体注重组织为员工个人晋升或工作提供条件，建立良好的沟通渠道等。发展型心理契约一般建立在高度信任的基础上，指的是组织内的成员希望组织能够为其提供具有挑战性的工作和发展机会，强调组织对个人未来职业生涯的发展提供的机遇和机会以及组织对其工作成绩或贡献的认可度，员工个人在此关系中具有一定的自主决策权，被称为"发展契约"（Developmental Contract）。

2.1.2　个体和谐倾向

知识共享是一种双向的互动过程，Hendriks 表示应当用沟通来看待知识的共享。从沟通的视角出发，对知识共享特点的研究在于把它定论为沟通，知识的接受者和拥有者通过积极的沟通可以实现知识的共享，分享知识的过程会形成一个学习的过程，且带有重建的行为（汪轶、谢荷锋和王凯，2008）。Lee 和 Suliman （2002）、李佳宾等（2019）都表示知识共享是指成员之间、知识的显性和隐性内容之间、组织的不同情境下的知识交换；同时，也可以理解为包含法律、道德规范、行为规则和风俗等在内的共享制度，人们自愿进行的以知识交换为目的的过程，涵盖了知识贡献和知识收集。也就是说，对于知识共享这一行为，需要有知识贡献方和知识收集方。

为了便于深入理解人的行为，越来越多的研究者开始对文化的研究加以重视。在文化研究领域中，包含着丰富的行为综合模式，例如言论、思想和行动以及现象，并且依赖于人们的知识学习，以及传递知识给下一代的能力

（Hattie et al.，1996）。关于文化因素的解释，Hofstede（1980）提出的文化维度理论是最具影响力的一个理论。近 30 年来，全球出现了很多基于 Hofstede 理论的个体层面的相关研究框架。但是，由于文化具有相对性（Hofstede，1980），中国文化与西方文化之间存在较大的差异，历史起源、演变过程和生存环境等促成了特别的文化品质（赵书松、廖建桥，2013）。所以，Hofstede 的文化维度理论不符合富有深刻文化内涵的中国情境（王国保，2010）。国家层面的文化往往显化为个体的文化倾向（王国保，2014），在中国，知识共享行为中的文化障碍，如"顾面子"和"内群/外群区别"，已经阻碍了人们从事知识共享行为（Voelpel & Han，2005）。"面子"的文化因素是一个人因其社会成就和实践而获得的尊重、骄傲和尊严关系（Leung & Chan，2003）。又因为"和谐"在中国社会中具有重要的价值，因此中国人倾向于花更多的精力与周围人保持良好的关系。此时的关系除了其本身的含义外，还包含了权力、社会地位和资源传递等其他含义（Hackley & Dong，2001）。我国学者对于和谐、人情、面子等中国典型文化因素的研究已经取得了相当多的成果，学者们立足中国的本土文化，对和谐、人情、面子等概念的内涵进行了深入探讨。总的来说，从人们如何对待人与人之间关系的视角着手进行探讨，可以将中国的文化特征归纳为推崇集体主义、追求和谐、重人情、讲面子等（黄光国，2006；王国保，2010）。

在中国文化的典型特征里，和谐一直都是中国传统文化中最经典的概念，起源历史悠久，大多数以单字的"合"或者"和"呈现。最开始是在音乐方面，表示声音协调（范明华，2009）。在音乐里，"和"指高低、清浊、长短不一的声音前后相续的呼应，"谐"是指声音（包括乐声和人声）的配合与协调。当该概念延展到其他事物中时，和谐又指不同类型事物之间的合作和协作现象。以这种含义为基础，席酉民（1989）依据对系统的和谐发展机制的思考，率先提出"和谐理论"，并表示系统和谐性是说明系统是否形成了充分发挥成员的创造性和能动性的环境和条件，以及整个系统的总体协调性。

而后，和谐的概念引申到人与自然的关系、人与人的关系以及个人身心关系上，具有了多个层面的内涵。当说到人与自然的和谐时，通常是指他们和睦相处、共同发展，理想境界是达到"天人合一"的生态和谐；当说到人与人的和谐时，是指人与人的关系处于配合融洽的状态，理想境界是"和为贵"的人际和谐；当说到个人身心和谐时，则是指个人身心的统一、平衡与协调，理想境界是达到"内省修己"的身心和谐。

关于人和人之间关系的和谐，学术界统称为人际和谐。"和为贵"一直都是中国人处理人际关系的最基本原则。虽然中国人倾向于回避冲突，但人际和谐的含义并不局限于回避冲突或没有冲突，还包括建立长期互利关系的行为倾向。《论语》中提到的"君子和而不同"的意思就是指君子善于将各种意见进行协调，最终达成真正的和谐。Leung 等（2002）认为，和谐不仅包括"避免那些引起冲突的行为"的工具和谐（Instrumental Harmony），还包括"积极实施那些能够加深相互之间关系的行为"的价值和谐（Value Harmony）。心理学专家认为，和谐可以分为社会和谐和心理和谐，是指存在各种不同成分的系统之间可以进行合作与协调。在组织管理中，和谐的概念可以从宏观层面和微观层面进行理解和分析，在宏观层面上，是指组织在管理过程中想要达到的预期目标；在微观层面上，是指组织中的人际交往类型。近年来，西方的管理学在研究过程中也逐步引入了和谐的概念，特别是在冲突管理的研究方面，和谐被相关研究者认为是处理人际关系冲突的主要方法，有利于消除组织的冲突，使内部各成员保持一致性。

综上可知，在组织的工作实践中应重视和谐本身的重要性。王保国

（2010）认为，在解决冲突时应以人和人之间相互的信任度和友好的感情为基础，采用积极的沟通方法，可使双方达成互相谅解的共识，加强交流，从而提高组织的整体工作效率。

本书认为，在和谐管理研究中，组织中的两大主体即是组织和个人，员工个体和谐倾向指的是个人在组织系统中的人际交往关系是和睦的、融洽的以及团结的，并且在关系网中个人会积极建立和谐的环境，有效使用组织内外的知识进行协同与协作，并以此为目标，积极维护组织中的和谐环境，构建维持个体成员之间相互融洽关系的一种倾向。

2.1.3　知识共享行为

知识共享行为的研究最初源于知识管理研究，且并未作为一个独立变量进行研究，随着知识管理理论的不断补充和完善，研究者们开始把它分离出来，并将其作为一个独立的对象来展开研究，相关研究包含过程视角和效果视角（郝怡然，2020）。Senge（1990）认为知识共享行为重点关注结果，是指知识拥有者将自己的知识分享给其他人，接受知识的人利用这些知识进行重组、创造后产生新的想法。在组织中，个体之间的知识共享就是知识拥有者将其私有知识转化为有利于他人学习、理解和使用知识的过程（Ipe，2003；初浩楠，2008），这意味着该行为是有意识的行为。前人将知识共享过程划分为获取、沟通、消化、接受和应用五个阶段，通过动态学习达成最终目标（Gilbert & Cordey-Hayes，1996）。Connelly 和 Kelloway（2003）将知识共享行为定义为：员工基于互惠、互利、自愿的原则，与组织内其他成员进行知识交换或帮助组织内其他成员的一系列行为。Hooff 和 Bidder（2004）指出，知识共享是个体之间相互交换显性知识和隐性知识的过程，也是个人知识转化为组织知识的必要过程，并且个体之间将这些知识吸收后创造出了新的知识。这也说明了每一个知识共享行为都包括知识贡献行为和知识获取行为这两个方面（Hooff & Bidder，2004）。而知识贡献行为是指将自己的知识提供给其他人，知识获取行为则是指通过沟通、询问等行为向其他人获取自己需要的知识。

本书在对知识共享行为的相关文献进行梳理和分析后，基于本书的研究问题和研究目的，认为知识共享行为是指员工在知识共享中的实际行为，员工个体被认为是知识共享中知识的提供者，也被认为是知识共享中知识的接受者。依据以上定义，本书将知识共享行为划分为知识贡献行为和知识获取行为，并对员工个体知识共享行为的影响进行研究。

2.1.4　自我效能感

著名的心理学家班杜拉（Bandura）在《自我效能：关于行为变化的综合理论》中最先提出了自我效能理论。班杜拉在自我效能感方面做了大量研究，研究得出这一核心概念具有直接影响人们思维、动机与行为的能力。该理论是对社会认知理论的逻辑延伸和拓展，是当代学者用以探究和揭示人对自己能够进行某一行为的能力的推测或判断的最重要理论（吴晓亮，2014）。班杜拉用这一概念来解释动机的内在过程，该概念一经提出就受到了人们的广泛重视，在动机问题研究中被视为重要的认知因素之一。

可预测的知识共享行为中的变量包括组织的环境、人际关系和团队的特征、动机出发点等因素（李文元等，2018）。在企业的内部，激励机制是知识共享机制发展的基础，对知识共享行为产生了重要的影响（文鹏、廖建桥，2008）。在知识经济时代，知识是企业竞争力的核心要素，越来越多的学者意识到，成员间的知识共享是企业进行创新、提高绩效的关键要素。国内外学者通过研究发现，个体的动机时刻都在影响着知识共享的意愿和行为，是知识共享行为的关键影响因素，其中包含内外部的动机（张爽，2008）。外部动机主要指做事人出于某种目的，期待某些方面的收获，强调目标驱动；内部动机主要指某些行为出于内在的兴趣爱好，完成该行为后个人能感觉到愉悦。而内在动机则是产生某种行为的固有倾向，与其他因素相比更能体现出人本身的内在潜力。已有的大量研究显示，内在动机是知识共享的重要决定因素和先决条件。相比之下，外在动机对知识共享的影响并不显著（许超、贺政凯，2019）。众所周知，社会学习论以人、环境和行为三者之间相互作用的观点为基础，强调观察学习的重要性。20世纪80年代中期，班杜拉提出了有关人类功能的社会认知论，强调个人的意愿对个体行为所产生的影响，特别是个体对自身能力的信念的作用：个体对其自身能力的判断或信念会对个体的思维与行为产生直接的影响。

综上所述，本书认为自我效能感体现了自我的信念，强调个体能够感知自己能力的自信心，受个人自身的情绪、智力、亲身经历等因素的影响，是个体学习和行动的决定性因素之一。因此，具有不同心理契约的组织成员个人与知识共享行为之间会存在一定程度的相关关系，会受到组织内个体自我效能感的感知高低程度的调节，进而产生不同的影响作用。

2.2　相关研究

2.2.1　心理契约与和谐倾向的相关研究

李原（2002）指出，企业强调的是人际环境和人际交往的责任，同时还强调员工之间具有相互合作的精神，而合作意识越强，人际协调、配合和互助的责任越大。

刘新华和石若坤（2007）认为，组织行为学的研究者们经常采用心理契约理论来研究组织中复杂的人际关系，尤其是成员与组织之间的关系。当成员与组织之间建立了一种良性的契约关系时，较高的心灵默契度将有利于改善他们之间的关系，从而产生积极的效果。故而在管理实践中，组织与员工之间的合作关系的构建和发展要依靠动态的心理契约进行平衡，良好的心理契约将有助于和谐劳动关系的形成。

王倩和朱永华（2011）指出，心理契约是具有知觉性的、非正式的软性契约，会随着员工与企业之间关系的发展而发生改变，对企业与员工之间和谐劳动关系的构建作用不可忽视。所以，加强对两者动态匹配过程的研究有利于进一步揭示和谐劳动关系构建过程中心理契约的作用机理及其动态演变过程的规律。

王惠卿（2012）提出，私营企业的健康发展有利于和谐社会的构建，文章通过深度访谈等质性研究方法分析当前中国私营企业发展中所遇到的问题，发现合理的薪酬制度、适当的员工技能培训及综合素质培训、有效落实员工职业管理规划、加强管理层与基层的沟通与互动等都可以提高员工个人的工作绩效，由此改善中国私营企业当前的发展现状，若要达成以上目标，则应该与员工构建和谐型心理契约。

许成磊（2014）基于和谐管理理论，对创新团队的战略发展和管理机制进行了研究，从企业与员工的心理契约的管理角度对企业管理创新进行探讨，发现构建健全、和谐的内部关系是企业绩效提升的重要突破点，团队管理中和谐的氛围、和谐的感受都可以增强团队的核心竞争力，有助于提升创新团队的思想认知。

张志千（2015）发现，关于中国传统文化的思想研究已经拓展到社会经济、政治等各方面，包含和谐这一概念的社会主义核心价值观深刻影响着当代社会，使人们的生活态度、行为特征和价值体系发生了较大变化，这一思想也体现出了新时代的企业人的思想，研究表明发挥和利用好中国优良传统文化可以有效促进企业人对组织体系的构建。

胡继魁（2015）发现，心理契约能缓和劳资冲突，使企业与员工达成一致的心理默契，增强企业凝聚力，为构建和谐关系提供保证，研究通过心理契约中人际型责任的主要内容对员工的人际关系进行深入探析，发现员工的人际型责任能提高员工工作效率和工作积极性，有利于逐步建立和谐的人际关系。

赵挺生和唐菁菁（2017）提出，心理契约的不断完善有利于促进雇佣关系进入新的发展阶段，以便于人际关系的协调，激发企业成员的工作热情和积极性。研究还发现，对心理契约进行适当的管理是保持和谐的劳动关系的关键，而和谐的精神正是组织管理的基本精神。

伍紫君等（2018）指出，团队成员型心理契约的企业注重构建良好的人际关系。在团队成员型心理契约的企业中，员工之间保持着良好的合作和互动，不但需要企业为员工提供额外的帮助，也需要员工自身努力维护企业的和谐稳定。

2.2.2 心理契约与知识共享行为的相关研究

梁启华（2006）将黏滞知识和心理契约的相关理论引入研究中，对基于心理契约的默会知识进行分类，与激励、文化、信任、沟通、学习等要素相融合，对心理契约的关系维度、交易维度和团队成员维度给予了强有力的支撑，研究表明这三个维度的心理契约有助于利用和开发默会知识，进一步将企业的默会知识进行共享。

王国保（2010）采用 Rousseau 给出的结论对共享行为进行研究，总结出心理契约是会对员工的知识共享行为产生影响的。并在其研究中发现，在中国的文化背景下，由于个体需要在社会的大环境中发展，关系型心理契约在员工的知识共享行为中产生积极的影响。所以，企业员工的心理契约会不断强调人际交往中的责任，还强调员工之间具有相互合作精神，合作意识越强，人际协调、配合和互助的责任越大。

卢小君和王丽丽（2011）通过研究发现，团队中知识共享这一行为的产生是以共享意愿为前提的。在团队发展过程中，心理契约中各方履行责任有利于产生知识共享意愿，进而产生知识共享行为，最终形成了一系列的因果链条，这说明心理契约对知识共享意愿有直接的正向影响。

丁川（2011）分析了相关理论后，对知识共享行为的影响要素进行了实证分析，研究结果表明，人际型的责任、规范型的责任、发展型的责任这三类心理契约都对个体知识共享行为产生显著的正向影响。

何明芮和李永健（2011）通过对 216 名知识员工进行问卷调查，实证研究并分析得出平衡型心理契约对知识员工的隐性知识共享意愿具有显著的积极影响，交易型心理契约对隐性知识共享意愿具有显著的消极影响，关系型心理契约对隐性知识共享意愿具有较弱的消极影响。

顾远东和王士红（2012）采用 315 份问卷进行实证研究，对审计人员的心理契约和知识共享行为进行考察。通过研究发现，心理契约对审计人员的知识共享行为产生了重要的影响。

赵书松和廖建桥（2013）以心理契约理论和社会交换理论为基础，通过对关系绩效与知识共享行为进行研究，发现关系绩效考核的人际关系及其对岗位的贡献都对成员的知识共享行为具有积极的影响。

张竹林（2015）以中国会计师事务所的审计人员为研究对象，研究个体知识共享行为。通过问卷调查，分析审计人员的心理契约对其知识共享行为的影响，结果发现心理契约对知识共享行为具有显著的积极影响。

李辰（2019）对 A 公司在发展过程中的成员心理契约"三维结构"的关系维度、交易维度和团队成员维度变量对知识共享内在因素的技能维度、认知维度和情感维度进行相关性研究，指出成员的心理契约对成员在工作过程中起到鼓励的作用，对员工予以信任、赋予员工更多挑战性的工作，从中进行不断的创新，进而促进内部沟通与交流，帮助员工建立正确的职业生涯规划等，以上均说明心理契约对知识共享有显著的正向影响。

2.2.3　和谐倾向与知识共享行为的相关研究

Liao（2006）在研究中发现，人际信任能够降低知识共享成本，提高同事之间的知识共享意愿，增加知识共享后的反馈。他的研究说明良好的人际关系对员工知识共享行为起积极作用。

初浩楠（2008）研究了中国文化环境下企业人际信任对知识共享行为的影响，研究将人际信任分为三个维度，结果显示，民营企业中的谋算型信任水平比国有企业高，且差异显著；在国有企业中，关系型信任和了解型信任的水平比民营企业明显高出很多。

路琳和梁学玲（2009）通过实证研究发现，人际互动中的任务冲突和人际沟通为知识共享行为提供了有利条件，也为实现知识创新提供了机会，员工在组织内进行积极沟通的同时，同事之间的知识将得到充分的共享，从而为促进知识创新提供有力支持。

王国保（2010）研究了中国文化因素对知识共享行为的影响，包括等级倾向、集体主义倾向、人情倾向、和谐倾向和面子倾向，结果发现和谐倾向对员工知识共享行为有明显的正向影响，表明和谐倾向是影响知识共享行为的主要文化因素。

路琳和陈晓荣（2011）重点研究了人际关系和谐倾向对组织内知识共享行为的影响，并根据员工个体人际和谐倾向的差异研究了不同和谐倾向对知识共享行为的影响。

Islam 等（2013）研究了组织中的知识共享行为和学习文化的发展，发现通过组织管理支持、监督支持和同事支持（积极的交换关系）可以增强员工的社会联系，最终可以促进内部各利益相关者之间的知识共享。

王国保（2014）在研究中提出包含和谐倾向在内的 5 个维度，通过对840 名企业员工进行问卷调查，实证研究发现有和谐倾向的员工的知识共享意愿会更高。

邹宏（2015）通过研究发现，组织营造氛围良好的和谐环境将有助于建立更有效的激励机制，同时对知识转移和知识吸收起促进作用，最终也会使得知识创新达到更高的水平。

史建锋（2017）在研究中，分析了互联网环境下产学研合作的动力、内在运行机理等知识创新的合作过程，通过案例研究分析产学研合作中的管理规律，探讨知识共享过程中的风险，发现无论是在何种情境下，和谐及深度共融的知识共享都是知识资源现实化的重要途径。

朱天一（2018）在研究中指出中国社会讲究人情与和谐，并用"关系取向"来描述人际之间的日常行为现象。研究结论为：关系取向越强，分享知识的意愿就越强。

2.2.4　自我效能感作用的相关研究

池丽萍和辛自强（2006）的研究对象是 270 名大学生，探讨大学生学习动机和自我效能感之间的关系，研究得出自我效能感和个体内在动机呈正相关。

顾建平和杨慧芳（2007）运用问卷调查的方法对企业领导者的自我效能感、情绪的智力、绩效和成就的动机之间的关系构建合适的模型，实证研究发现，企业中层管理者提高自我效能感能够对组织绩效产生正向影响，对中层和基层管理者的绩效产生明显积极预测力的是自我效能感。

陈文春等（2018）通过 303 份调查样本对外在动机的职业认同与工作投入之间的影响作用进行分析，得知自我效能感是以自我信念为主的个人感知，意思是当个体遇到困难时仍然会选择继续完成任务，以表示其自身充足的信心，因此，自我效能感会完全影响且正向调节基层公务员的职业认同与服务动机之间的关系。

罗文豪等（2020）通过实证研究发现，个体特色是影响个体认知的重要影响因素，自我效能感表现出员工个体对自己能够很好地完成某个任务的自信度，也就是说，自我效能感对于个体来说是对自己未来成功与否的基本判断感知，进而会影响个体行动的发生。

刘莉莉和周照林（2022）通过对教师实践性知识的影响进行研究，分析个体自我效能感的调节作用，建立个人自我效能在组织上获得支持感对教师实践性知识产生影响的路径模型。研究发现，教师在工作过程中能感知来自学校的支持，并会积极进行相关的校本教研工作，从而使得教师的实践性知识得到积累。

张万鸾、梁雨和周利华（2022）对个体自我效能感在情绪智力与文化智力中的作用进行了探讨。采用结构方程模型进行检验，研究结果显示：自我效能感在情绪智力与文化智力之间起中介作用，教育者可以通过积极的教育策略培养个体情绪智力和自我效能感，进而提高文化智力水平。

王爱国和程郎可意（2022）对大学生个体的择业心理状况进行了实证研究，考察主动性人格、择业自我效能感、求职清晰度和择业焦虑四个变量之间的关系。研究结果显示：大学生个体择业自我效能感在求职清晰度与大学生主动性人格和择业焦虑中的作用成立，可作为独立中介变量影响择业焦虑。这说明自我效能感反映了个体对自己是否能有效完成职业任务的信心，它通过调节个体的人格、认知和情感来影响个体在职业发展中的努力度、坚持度以及情绪反应程度等，在人格因素、个体心理、个体行为之间发挥调节作用。

2.3 文献述评

通过对相关文献的研究可知，关于心理契约、和谐倾向、知识共享行为以及自我效能感的研究都取得了很大的进展。

2.3.1 现有研究的主要贡献

2.3.1.1 心理契约的概念、内容及维度的研究

关于心理契约的概念，由英国学者 Argyris（1960）所描述的下属和主管之间的关系得到了其他学者的普遍认可和关注，而后 Schein（1965）提出心理契约是存在于雇佣关系双方之间的一系列未书面化的期望。而 Fox（1974）将心理契约与雇佣关系结合起来进行研究，提出将"互惠规范"（Norm of Reciprocity）作为分析雇佣关系中的潜在心理契约的核心概念。尽管学者们普遍认为心理契约是雇主与雇员之间的不成文契约、隐性契约或期望，但随着概念的进一步深化，相关研究之间也存在较大差异，大致可分为两个大学学派，即"卢梭学派"和"古典学派"。在"卢梭学派"中，相关研究从对雇佣双方的研究转移到对雇员个人的研究。研究水平已从个人和组织层面的"双维度、四方格"转变为单层面的"单维度、两方格"。可以看出，对心理契约的研究逐渐深入且更加详细，也进一步说明心理契约是雇佣关系和雇佣合同的重要体现，而相对于适用于商业范围的书面化合同来说，

在组织行为方面的研究则应当以心理契约为侧重点。在现有的心理契约研究中，徐淑英以员工—组织关系（EOR）为代表来描述雇主眼中的雇佣关系，更能体现员工对心理契约的理解。徐淑英（Tsui，2001）指出，心理契约是指员工对雇主支付报酬的期望以及愿意为雇主付出的意愿。实际上，它指的是雇员对雇佣关系的看法，尤其关注的是雇主对他们的承诺，这些承诺还体现在他们的工作内容、条件、环境和个人的职业发展等方面。也就是说，当组织与员工之间存在雇佣关系时，心理契约的满足与否决定了员工对组织满意度的高低，对组织信任度及认同感的高低，同时也体现出员工在组织中的主人翁精神的强弱。这也说明，心理契约有别于商业合同，存在诸多"心照不宣"的内容，该内容虽然没有明确写出，但仍然影响着员工对组织的态度以及对组织的贡献行为。

截至目前，国内外大量学者均深入地研究了心理契约的维度，主要从二维结构和三维结构来进行。徐淑英（Tsui，2004）在研究雇佣关系对员工的影响时，考虑了国内外差异，研究了符合中国管理情境的心理契约维度，从员工的角度将心理契约划分为以下四种类型：①交易型——有详细的任务，雇主提供短期报酬；②过渡型——没有具体任务，用人单位提供短期补偿；③平衡型——任务非常详细和明确，雇主提供长期补偿；④关系型——任务不明确，但雇主提供长期补偿。另外，还有少数国内学者深入探讨了心理契约的相关内容，例如：李原和郭德俊（2006）系统地研究了心理契约的概念，探讨了心理契约的内容结构和动态发展过程。彭正龙、沈建华和朱辰海（2004）进一步分析了心理契约的概念、理论模型、分类和测量，并对心理契约理论在相关领域的发展进行了展望。陈小锋（2012）基于中国文化背景，通过对在企业中处于核心地位的知识员工的价值观、思维方式、情感表达和心理需求进行深入剖析，总结出了与前人不同的心理契约维度。这些研究使国内的学者对心理契约理论有了系统的认识，对本书的研究起到了指导作用。

2.3.1.2 和谐倾向的概念、内容及维度的研究

文化涵盖人类行为的综合模式，其中包含思想、行动、言语和现象，并取决于人们学习的知识和将知识传递给下一代的能力（Hattie et al.，1996）。但是，鉴于所谓的文化相对性，中国文化与西方文化有着不同的起源、生存环境和演变过程，逐步形成了各个独特的文化品质（赵树松，2013）。所以，霍夫斯泰德的文化维度理论在中国的文化语境中是不适用的（王国保，2010），而从更细微的角度来看，国家层面的文化价值观往往也会影响个体的主观判断、对事物的看法和态度，以及个体的理想信念、目标追求、自我实现等。"和谐"这一概念是中国传统文化中的经典概念，具有重要的价值，体现了中国文化的重要价值观，故中国人倾向于花更多的时间和精力用于与周围人保持良好的社会关系。和谐表示不同事物之间的协作现象和协同作用，而当用于表述人与人之间的关系时，和谐则表示人与人之间已经建立的关系，并表现出一定的信任和真诚，这是一种积极的人际关系互动，我们称之为人际和谐。近年来，西方管理研究中也逐步引入和谐的概念，特别是在冲突管理的研究方面，和谐被认为是消除冲突和处理人际冲突的有效途径。该概念强调人际关系的友好与和睦、团队内部的合作共创等，这有别于西方文化中所强调的自我价值的实现，因此借助和谐，能够调整团队的价值观，使团队协作能力有所提高。Leung 等（2002）指出，人们追求和谐有两种不同的目的：一是以和谐为追求的最终目标，体现自己的价值观；二是把和谐作为一种工具或手段，通过和谐达到某种功利性目标。因此，在人际关系研究中，本书提出的和谐倾向指的是个体在社会交往的

人际关系中，人与人之间的关系追求避免冲突、和睦相处、团结合作、真诚信任的状态。

2.3.1.3 知识共享行为的概念、内容及维度的研究

随着知识经济的深入发展，知识管理成为理论界和实务界共同关注的焦点。知识共享作为知识管理的组成部分，是企业内的重要进程，一直是学者们关注的重点，但对于知识共享的定义，至今并未达成统一。在已有的研究中，对于知识共享的理解可归纳为以下四个方面：一是把知识共享视为一种沟通；二是认为知识共享是一种学习；三是把知识共享视为一种创造；四是认为知识共享是一种市场交易（马如霞，2019）。可以看出，知识共享是一个动态过程。也有学者在总结归纳不同的理论视角及研究方法时发现，前人学者对于知识共享行为过程的研究，将较多的关注放在了知识贡献行为方面（李君和王培林，2019）。但是，知识共享行为是知识的拥有者和知识的需求者之间的一个交互过程。当知识拥有者向知识需求者传递和分享知识时，知识需求者要吸收和应用这些知识（Ardichvili et al.，2006；郝怡然，2020），知识拥有者与知识需求者共同完成这一过程时，知识共享才算得上是实现了，知识共享行为才得以完成。所以，知识接受者能否成功获取和学习知识，对于知识共享的实现也起着至关重要的作用。本书在对已有文献进行梳理时发现，国内外学者对于知识共享行为已做了大量研究，但极少从知识共享的知识需求者这一客体角度出发来进行相关研究。因此，对于知识共享行为仍存在较多未研究的地方。因此，以往的研究在为本书提供参考的同时，也留下了许多空间。

2.3.1.4 自我效能感的概念、内容及维度的研究

著名心理学家班杜拉（Bandura）在总结前人的研究成果时发现，传统的学习理论侧重对行为的能力、习得的过程和动机的过程的研究，而行为特长和动机在知识和行为研究中的作用技能，略有欠缺。在此基础上，班杜拉首次提出自我效能感这一概念，该概念一经提出便在心理学界引起广泛关注，并用于大量的基础研究与实证研究，是心理学的重要变量，也是行为学中的重要课题之一（周文霞，2006）。班杜拉用自我效能的概念来解释动机的内在过程，被视为动机研究中重要的认知因素之一（文鹏和廖建桥，2008），这说明自我效能感是个体动机因素的中心机制，是指对个人能有效控制自身诸多方面的能力的一种感知（Bandura，1977）。在面对特定领域、任务及问题时，自我效能感对行为的预测性会更强（彭伟、徐晓玮和陈佳贤，2022）。甚至有学者提出了一个更实际的定义：自我效能感是指个体对自己能力的确定信念，这种信念使他得以在一定的情境下调动自己为顺利完成特定任务所必需的动机、认知资源和能力。因此，自我效能感的特征包括以下三个方面：一是不同个体会根据自身能力选择不同难度的任务。也就是说，自我效能感是个人认为自己本身能完成的指向特定目标行为的一种变化。二是个体在面对困难时，仍不放弃努力，相信自己有能力取得成功。意思是在强度上个体对自己能够实现特定目标的确信度。三是个体在广泛的情境中的自我效能感。这也就是自我效能感的广度，指的是个体在某个领域的自我效能感的强弱程度，有的个体在狭隘的领域内判断自己是有效能的，有的个体则相反（周文霞，2006）。综上所述，学者们对于自我效能感的解释多种多样。一般来说，自我效能感本质上是对个体自身能力的一种认知，也是个体对自身能力的一种感知，它未必能体现个体的真实能力，但可以体现

出个体对自身行为能力的自我评估。它会直接或者间接地影响个体在完成任务时的能力发挥，进而影响任务的完成。当个体面对任务，但其本身并不具备完成任务的能力时，仍可以通过非能力的影响因素使其相信自己可以完成该任务。

2.3.2 现有研究存在的不足

通过对以往文献的梳理，笔者发现，对于心理契约、知识共享对象和谐倾向、自我效能感和知识共享行为的研究都取得了很大的进展，说明这些理论对于组织管理、知识管理的重要性已经得到了各位学者的普遍认同，同时也表明这些理论研究还有很多需要进一步探索和完善的地方。首先，本书在对已有文献进行梳理时发现，国内外学者对于心理契约方面的研究主要集中在员工和雇主之间的关系上，较少从员工视角来进行讨论研究。同时，心理契约的形成会受到文化差异的影响，不同文化背景下的个体对心理契约的感知存在差异，但未发现从文化背景出发对个体心理契约做相关研究。其次，和谐倾向作为中国文化的重要价值观，在西方管理研究中多在冲突管理方面出现，基于现有文献，在冲突管理研究中，对于心理契约下具有和谐倾向的雇佣关系的研究仍不太成熟，缺乏实证研究。最后，知识共享行为的产生是涵盖共享意愿、共享能力、共享机会和共享行为的动态过程，主要是知识共享者根据意愿和能力，由知识贡献方将自己的知识提供给其他人，知识获取方通过沟通、询问等行为向其他人获取自己所需要的知识。前人学者对知识共享行为已做了大量研究，但极少有从知识共享的知识需求者这一角度出发进行相关研究。综上所述，知识共享行为研究仍存在较多未研究的地方。因此，笔者认为本书提出的问题值得进行深入探讨。

2.3.3 本书需解决的问题

在知识经济时代，促成知识共享是提高企业核心竞争力的关键。本书以前人的相关研究为基础，对以下四个方面进行探究：

2.3.3.1 新时代组织内部员工个体心理契约的探索

文化是人类社会在传承演化过程中形成的相对稳定的传统、习俗和行为规范。中国文化拥有独特的文化特征，其起源、生存环境和演变过程与西方文化有很大不同。与西方个人主义不同的是，中国强调集体主义，中国人的思维和行为方式等都体现出了我国特有的行为动机模式。因此，在知识共享行为方面也必将表现出与西方社会所不同的驱动方式。

在已有的心理契约和知识管理研究中，心理契约的相关研究大多与雇主和雇员的联系有关，研究其形成的动态过程，对雇佣关系中的核心因素——员工的心理契约的研究明显不足。在知识经济时代，组织的发展离不开知识。随着时间的推移，现有的有价值的材料、知识拥有者和知识需求者对知识的传播、共享、吸收和转化等行为，不仅为企业的发展提供支持，还是企业创新动力绵延不断的关键影响因素，由于心理契约具有雇主和员工双方未书面化的期望，其心照不宣的内容是影响知识共享中的知识需求方对待组织的态度和行为的决定性因素（Schein，1980）。因而，知识需求方作为知识共享行为中不可或缺的角色，将在整个共享过程中起关键作用。因此，本书将以高等院校毕业后入职企业的员工为研究对象，深入剖析员工个体心理契约的内容和结构，丰富和发展现有的心理契约理论。

2.3.3.2 组织内员工个体心理契约对知识共享行为的影响探析

本书在之前学者的研究基础上，以知识共享对象的心理契约为自变量、知识共享行为为因变量，参考徐淑英（Tsui）提出的员工—组织关系（EOR）中成员对雇佣关系的看法即员工对心理契约的相关理解，构建本书的研究模型，从员工视角检验个体层面的心理契约对知识共享行为产生的影响。

本书将采用信效度检验、描述性统计分析、因子分析、相关性分析和回归分析等方法，对员工个体的心理契约值进行分析，检验变量的影响效果。

总体来说，从现有研究来看，基于中国文化情境的知识共享行为研究较少，而其则是用来解释和发展知识管理理论所不可或缺的一部分。知识共享对象的共享态度和共享行为将决定一个企业的生存和发展，同时个体的知识共享行为对企业发展水平的高低、创新与否以及绩效结果如何起重要作用。在收集整理相关文献时发现，学者们对于知识共享的研究，大多侧重于知识共享理论和知识共享贡献者。相关的研究主要集中于如何借助心理契约来促进知识共享行为，或者借鉴国外学者的研究成果对国内的知识共享行为进行简单的测试。有关中国知识共享对象的知识共享行为的研究还十分有限，也极少引入心理契约理论来进行分析，缺乏符合我国知识共享对象的知识共享行为的原创探索。因此，本书将根据国内学者提出的符合中国心理特征的心理契约，研究心理契约对知识共享行为的作用效果。

2.3.3.3 个体和谐倾向在心理契约与知识共享行为之间的中介作用

国内外学者对心理契约领域、和谐管理领域和知识管理领域的知识共享都做了大量研究。但从雇佣关系中的员工心理契约视角探索员工个体层面的和谐倾向是否会对知识共享行为产生影响的研究非常少，甚至是空白。比如，在知识共享的研究中忽略了知识共享获取方的主观动机，知识共享是双向互动的过程，应从意愿、能力、沟通等方面看待知识共享。知识共享的特点在于交流，知识拥有者和接受者相互间的主动交流可带来知识共享，知识接受者分享他人知识的过程是一个学习的过程，必然具备重构行为。中国人处理人际关系的基本原则是"和为贵"，这里面的和谐思想将是促使个体在不同事物之间的协作表现和协同作用的重要因素。在有关和谐倾向的研究中，国内学者对中国文化因素的研究非常重视且成果丰硕，国外学者有碍于对中国文化的理解不足，虽有提出相关内容但未能深入探讨，由此也能从中看出心理契约、和谐倾向和知识共享行为三者间有着一定的关系。本书将以和谐倾向为中介变量，探讨员工心理契约、知识共享对象和谐倾向与知识共享行为之间的关系，构建知识共享对象和谐倾向中介作用模型，并运用实证研究分析验证模型，丰富和谐倾向理论和知识管理理论，本书得到的相关研究结论则对知识管理实践具有借鉴意义。

2.3.3.4　自我效能感在个体和谐倾向与知识共享行为之间的调节效应

本书将从员工个体层面检验知识共享对象和谐倾向在心理契约与个体知识共享行为之间的中介作用，以及自我效能感在个体和谐倾向与知识共享行为之间的调节作用。

知识共享是知识创造的首要条件，是组织和个人创新与获取知识的有效途径。知识共享有助于创造价值，但只有当个人在组织中了解、吸收、转化并有效应用知识时，其才能创造价值（Tsai，2001）。当个体愿意主动学习，又愿意用自己所学所获去帮助他人获取新知识时，知识共享行为才会真正发生（王雁飞和朱瑜，2012），这样的行为由个体自发决策，是个体对特定任务完成与否的自信程度，主要通过以往的成败经验、他人的示范效应、社会的劝说和个人倾向状况、生理唤起这四个途径来体现，其作用体现在行为选择、动机性努力、认知过程和情感过程四个方面（周文霞，2006）。由此可以看出，自我效能感会对人们的行为选择起关键作用。因此，我们可假设自我效能感在和谐倾向与个体知识共享行为之间起调节效应。本书将引入自我效能感并作为调节变量，尝试探求我国组织内部员工自我效能感、和谐倾向与知识共享行为之间的关系，构建相关的模型，借助实证研究验证模型，丰富和发展自我效能感理论和知识管理理论，为心理契约促进员工知识共享行为的相关研究提供新的视角。

第 3 章　理论基础与研究假设

前一章回顾和梳理了国内外相关文献，总结了前人研究中的主要贡献和不足，确定了本书的研究方向。本章将深入研究相关理论，梳理核心变量之间的交互作用和逻辑关系，进而提出本书的理论假设，建立理论模型的框架。

3.1　理论基础

3.1.1　社会交换理论

3.1.1.1　社会交换理论简介

社会交换理论是一种社会学理论，在 20 世纪已成为一个系统的理论。从理论的角度来看，人类的一切社会活动都能够归结为交换，一切活动都建立在交往的基础上。因此，社会交换涵盖四个要素：目标、支付、奖励和交换。

近20年来，社会交换理论已成为研究心理契约和员工—组织管理的理论基础。它在实证研究中被广泛用于解释雇佣关系，核心关键原因在于理论的核心是"互惠原则"。它强调心理因素在人的行为中的作用，主张人的一切行为都能够带来某种报酬，而报酬涵盖物质财富、心理财富和社会财富（陈小峰，2012）。

社会交换理论的主要思想是各方在获得回报的期望下，会参加并维持与他人的交换关系（骆冬赢和徐世勇，2023；Blau，1968；Gouldner，1960；Homans，1958）。Homans（1958）认为，个人在争取交换平衡的同时，也在追求交换收益。

Blau（1964）将该理论的交换情况分为经济交换和社会交换。其中，经济交换是根据正式合同的交易，以确保交易双方履行特定的责任；社会交换是指予以会造成未来责任分散的支持，其回报的特点是无法讨价还价，一定要留给支付方判断。他还认为，交换行为在更大程度上基于主体对交换的价值预期，并将影响人们抉择的期望分为三种：①一般期望——人们认为能从生活中得到回报；②特殊期望——从他人处获得回报；③比较期望——遵循成本收益原则。根据这三种期望可以看出社会交换可以激发个人的责任感、信任感以及对他人的感激。

3.1.1.2 社会交换理论启示

社会交换理论的主要思想是各方在获得回报的期望下会与他人保持交换关系。互惠是交换理论的核心内容，如果交换的结果呈正向趋势，双方关系将继续保持，反之则难以维持。由此可以看出，无论是员工与组织间的社会交换还是人际交往的社会交换，都有许多共同之处：第一，两者的交换内容类似，都存在物质与非物质的资源交换，既有抽象的也有具体的交换内容；第二，交换双方都追求收益的最大化，包括交换平衡和交换收益；第三，交换的结果呈正向趋势时，可激发个体在组织或是社会中的责任感；第四，交换的结果呈正向趋势时，将会激发期望值高的一方的感激之情；第五，交换的结果呈正向趋势时，交换双方的信任度有所提升。本书所研究的组织内个体层面的知识共享行为本质上是个体行为，是个体与个体间或组织与个体间的交互过程。本书根据社会交换理论对研究问题进行阐释和分析，主要体现在以下三个方面：首先，本书的研究对象是个体层面的知识共享行为，主要研究组织内知识共享客体是如何通过人际关系和谐倾向来实现知识获取，消化共享过来的知识，并将其所获得的知识，如工作经验、工作技能等在组织内部扩散并传递给组织内的其他成员，从而达到知识的流动与循环，充分体现知识共享的双向性。因此，符合社会交换理论的主要研究内容。其次，组织内个体知识共享行为是在"互信互惠原则"的基础上建立的，主张以物质财富、心理财富以及社会财富作为交换，交换目的是为了获得以激发个人的责任感，对他人的尊重、感激、信任等为主的社会收益，说明符合社会交换理论的交换原则。最后，组织内个体在进行知识共享这一行为付出的同时，也期望得到相应的回报作为等值互换，这也符合社会交换理论所提出的要点。所以，本书采用社会交换理论来对高校毕业生在组织内的个体层面的知识共享行为进行解释具有符合性和合理性。

3.1.2 心理契约理论

20 世纪 60 年代，组织心理学家 Argyris 第一次提出心理契约理论。心理契约理论是帮助我们理解和管理雇佣关系的有效工具，一直以来都是西方国家组织行为学及人力资源管理领域的一个热门话题，背景是雇佣关系，以信任、许诺和感知为基础而出现的关于组织和个体双方所承担的责任的信念或理解（Rousseau，1990）。

3.1.2.1 心理契约理论简介

组织心理学家 Argyris（1960）在《理解组织行为》中选用了"心理工作契约"一词对工厂员工与上级主管相互间的关系进行详细描述。此类联系的具体表现是：如果管理者采用积极的方式领导下属，员工会因此形成乐观的绩效；如果管理者对员工的非正式文化规范表示尊重，例如，允许员工有自主的权利、保证员工有相应对等的工资以及稳定的工作等，员工抱怨的情况就会减少，并保持较高的生产率。但是 Argyris（1960）只是提出了这样一个概念，确切的定义还没有给出。

心理契约概念的鼻祖莱文森（Levinson，1965）通过对员工的访谈将其定义为：雇主与雇员两者之间存在的一连串相互期望，这种期望是不可见的、不明确的。虽然雇主和雇员可能不了解对方，但他们仍支配着这种关系。该定义站在组织和成员两者间的角度强调双方之间的责任与期望。此概念提出后得到了广泛的深度认可。随之，越来越多的学者从结构、特征、形成过程、变量测量以及与其他变量的关系等方面对心理契约进行了研究。

Schein（1965，1980）根据个人和组织把心理契约分为两个层次，将心理契约概括为期望的总和，并指出这种期望不仅涵盖如何完成工作以及获得多少报酬，也涵盖员工与组织之间各种形式的权利和义务，强调劳资双方期望的一致性，是隐藏在个人相互间的非显性期望。

Fox（1974）将"互惠规范"（Norm of Reciprocity）这一概念作为核心概念，把雇佣关系与心理契约两者的相关研究结合起来，用于分析雇佣关系中潜在的心理契约。

Rousseau（1989，1990）从员工的角度研究雇佣关系，推导出一个新的心理契约模型。他将心理契约的概念引入个体层面的认知模型，解决了早期研究缺乏组织表征的困境。他将这个模型的概念定义为：员工对组织与其自身双方相互间责任的认知，其中包含员工的贡献，以及组织予以的激励。人们认为，当雇主和雇员就合同条款达成一致时，未来的交易就已然成为可预测的行动。随着时间的推移和外部条件的变化，心理契约也在无形中调整，主要体现在两个方面：第一，员工与组织之间相互义务的变化称为"量变"；第二，劳动者对双方劳动关系性质或交易内容的认识发生变化称为"质变"。赞同卢梭观点的有罗宾逊、莫里森等相关人员，学术界将这些学者统称为"卢梭学派"。在"卢梭学派"的视角下，心理契约的研究已经从传统的"二维度、四方格"的雇主两个层面，即个人和组织的研究转向了"员工单一层面的'一维度、二方格'"研究。

Tsui 等（1997）用员工—组织关系（Employee-Organization Relationship，EOR），从雇主角度出发，解释了雇主与雇员之间的关系，即正式与非正式的、经济的、文化的以及心理的等多个层面的多种关系。她将这样的雇佣关系按照"提供的诱因—期望的贡献"两个维度解释说明组织提供的人力资源实践和雇员针对实践期望所作出的贡献，并将这一雇佣关系分为交易型、相互投资型、低度投资型和过度投资型四种类型。Tsui 从员工的角度，认为心理契约的含义是员工期望得到雇主支付的报酬以及乐意为此做出相应的贡献，并给出了四种不同类型的心理契约：关系型心理契约、平衡型心理契约、交易型心理契约和过渡型心理契约。

参照卢梭的研究，李原和郭德俊（2006）结合中国国情对二维结构理论进行了拓展，逐步形成了适合中国国情的三维结构理论。他们认为，中国企业的员工心理契约涵盖三个维度，分别是规范型责任、人际型责任和发展型责任。规范型责任表现为企业为员工提供经济利益和物质条件，员工应遵守规章制度，并完成组织安排的基本工作；人际型责任体现在企业为员工提供的组织环境即人际环境和人文关怀；发展型责任是为员工创造良好的发展环境。

陈小峰（2012）总结了以往学者对心理契约与知识工作者管理的研究，深入剖析了中国文化情境下知识型工作者的心理契约，认为心理契约是建立在个体对个体承诺、信任和感知的基础上的；是在雇佣关系的背景下对双方责任和信念的理解。与普通员工相比，知识型员工具备更强烈的自我实现欲望和成就动机、更强的创造力和自主性、更高的职业承诺和流动意愿。因此，他提出了三维结构的员工心理契约，并将其分为以报酬或绩效为目的的交易型心理契约、以获得组织支持和认同来换取相互之间保障关系的关系型心理契约和以自身发展机会为目的的发展型心理契约。

3.1.2.2 心理契约理论的启示

心理契约理论最核心的内容是用人单位与个人之间在雇佣关系中对贡献和相应报酬的主观心理约定，而这样的约定是用人单位与个人双方间不成文的相互责任。心理契约是一个复杂的心理结构过程，其所包含的具体内容会因界定对象的不同而有所不同。因此，在不同的雇佣关系中，心理契约的内容也会有所不同。心理契约概念的提出建立在社会交换理论之上，提到的基本假设是组织与员工个体之间存在一种互惠关系，即要求用人单位和员工双方都付出一定的代价，同时又要有一定的利益，相互促进和循环。因此，心理契约是动态的，它将随社会、环境等的变化而不断变化。对于心理契约的研究应根据研究背景、研究对象等具体情况进行具体分析，提出假设前提，它对我们理解和发现变化着的具体现象具有重大参考价值。本书从组织中员工视角的单向关系出发，以高校毕业生进入组织后，与组织之间产生相互责任与义务的期望与信念为基础的背景来界定组织内员工个体的心理契约。这样的心理契约，是指个体与组织之间形成的一种内在的、未公开化的心理关系，是联系员工个体与组织之间的心理纽带，能体现出员工个体对于工作的相关态度和行为指引。综上所述，本书运用心理契约理论来探讨和研究组织内个体层面的知识共享行为符合时代需求，切合组织管理的需要。

3.1.3 和谐管理理论

3.1.3.1 和谐管理理论简介

"和"是中国传统文化中的一个经典概念。它起源很早，多出现在单字"和"或"合"中。最初来自音乐，指声音的相应和声。引用到其他事物，和谐代表着不同事物相互间的合作与协同现象。东汉王充在《论衡》中提出"天地合气，万物自生"的自然元气论，这里的"合"即是和谐的意思。

根据上述基本意义，席酉民（1989）通过对系统的和谐运行机制进行思索，提出了"和谐论"。他认为系统和谐主要是描述系统是否渐渐形成了充分发挥主要系统成员和子系统的能动性、创造性的条件及环境，且主要系统成员和子系统活动具有整体协调性。和谐管理理论源于中国改革开放时期，是基于通过促进员工与组织之间的和谐关系来提高生产力和组织绩效而提出的。经过多年来的持续探索，在发展实践中观察，和谐管理清晰地界定了和谐主体、和则、谐则及和谐耦合四个基本概念，其中和谐主体包含了员工个体和管理层、组织等主体，这些主体之间是以相互作用并依存的关系存在的，通过相互作用进行协调互动来实现各自的利益。和谐管理理论的提出为组织内外的协调发展提供了一套管理行为模式，特别是为处理涉及"人的因素"的复杂管理问题带来了帮助（席酉民，2013）。

3.1.3.2 和谐管理理论启示

和谐管理理论基于中国传统文化中的和谐等概念，从影响组织稳定发展的组织内耗入手展开探讨，用于探索和解释组织的运行机理。在面对具有复杂、模糊且不确定等特有因素的人类个体时，其价值和作用日益凸显。和谐管理理论提出的四个概念中，和则、谐则以及和谐耦合的机制可用于涉及"人的因素"的管理问题，关于"人的因素"的具体表现则是组织内成员的意愿之间、意愿与行为之间、行动与结果之间的特征差异。这符合中国人处理人际关系的基本原则，并包含了人际和谐这一概念的基本含义。因此，本书从和谐管理的微观层面着手，运用和谐管理理论来探讨高校毕业生作为组织内知识共享客体在进行知识共享行为时的和谐倾向，探寻在组织工作实践中，员工在长期处于互信、互惠、互利关系的情况下，处理人际冲突的有效途径，以及为了继续保持互利共赢关系的个体行为倾向是否会对知识共享这一行为产生重要影响。

3.1.4 自我效能感理论

3.1.4.1 自我效能感理论简介

自我效能感理论是指对个体有效控制自身多方面能力的一种感知（Bandura，

1977)。自我效能感可以借助当前的认知表征来判断未来状态，并能够借助预期代入当下，从而将想象中的未来状态转化为当前行为的动力和调节器（边玉芳，2003）。这说明在面对特定领域、任务及问题时，自我效能感对行为的预测性会更强（彭伟、徐晓玮和陈佳贤，2022）。该概念自提出之后就受到了人们的广泛重视，Bandura 用自我效能感这一概念来解释动机的内在过程，在动机问题研究中被视为重要的认知因素之一（文鹏和廖建桥，2008）。

3.1.4.2　自我效能感理论启示

自我效能感在决定个体的潜能方面起着关键作用（边玉芳，2003），能够用来充当个体自我调节的重要因素（Croy et al.，2020），能够使个体相信自己有能力面对学习和生活中的困难，在困境中保持冷静，做出理性的判断（张万鸾、梁雨和周利华，2022），这是个体对自我认知能力的一种主观感知（边玉芳，2003）。因此，本书从妨碍个体对事物的认知过程、对行为的动机过程、对周围人和事物的情感过程和选择过程的自我效能机制入手，运用自我效能理论来探讨其在各种情境中的作用，如对任务的认知过程、在面对挑战性任务时的动机过程、碰到困难情境时的行为选择以及个人发展和自我实现所产生情绪方面。从中探讨员工行为的作用机制的同时，也可以为员工行为的影响机理提供新的解释路径。

3.1.5　知识共享理论

3.1.5.1　知识共享的内涵

知识共享行为作为知识管理领域一个新兴的重要课题，一直受到哲学、心理学、管理学等多学科研究者的关注。根据不同的理论视角，不同的研究者从知识、数据、信息等角度对知识和知识共享进行了归纳与定义，但并未统一（Bock & Kim，2002）。Nonaka 和 Takeuchi（1995）是最早阐述知识共享概念的学者。他们都认为知识共享能够分为显性知识共享和隐性知识共享，而显性知识和隐性知识是个体与个体之间、个人与组织之间、组织与组织之间的相互转化。随即 Nonaka 和 Takeuchi（1995）提出了一种知识共享模型：知识提供者将知识资源外化，知识接受者将知识资源内化，知识接受者整合新旧知识后将知识社会化。Senge（1990）将知识共享描述为组织学习的过程。但不少持此观点的学者认为，知识共享是知识提供者学会"钓鱼"的重要过程。Davenport 和 Prusak（1998）表示知识共享分为知识传播和接受部分。其中，传播者和接受者是知识传播和接受过程中不可或缺的重要角色。Tsai（2001）认为，知识共享有助于创造价值，但只有个体在组织中进行认知、吸收、转化，并最终有效应用，才能创造价值。Hooff 和 Bidder（2004）认为，知识共享应该分为知识贡献和吸收过程，并将它的过程定义为：知识拥有者和需求者之间显性知识和隐性知识的交换，以及知识需求者之间交换显性知识和隐性知识并创造新知识的过程。综上所述，各研究者对于知识共享的相关研究结论可归纳如下：其一，知识共享是一个动态过程；其二，知识共享应当需要知识拥有者和知识接受者共同进行，才能最终实现；其三，知识共享的最终目的是实现新知识的创造；其四，知识共享行为以知识拥有者主动提供知识为前提。

3.1.5.2 知识共享理论启示

近年来，随着学术界对知识共享研究的逐步深入，学者们逐渐意识到认识知识共享行为是提高知识管理水平的关键环节。本书通过梳理学者们针对知识共享所进行的研究发现，学术界对知识共享的研究包括绩效视角、意愿与能力视角、动机视角等多个不同的研究视角。知识共享行为的影响因素可分为个人因素、组织因素以及情境因素三大类（唐源，2021），又可进一步划分为人际和团队特征因素、组织情境因素、动机因素、文化特征因素和个体特征因素五大类（王鹏，2019）。本书认为知识共享分为知识贡献和吸收过程，不但需要知识拥有者提供知识，还需要知识需求者对知识共享这一行为有认知，对知识进行吸收、转化，运用于组织中，最终才会为组织创造价值，从而创造新的知识。在知识共享整个过程中，知识共享主体（即知识提供方）、知识共享客体（即知识获取方）、知识共享本体（即知识资源本身）和知识共享载体（即知识共享平台或空间）（杨吕乐，2018）这四个因素缺一不可。因此，知识共享作为双向互动过程，了解知识共享客体即知识共享对象的个体特征、动机、意愿等因素，都可以为知识共享行为的成功提供前提条件，具有必要性。

3.2 研究假设

3.2.1 心理契约与个体和谐倾向的假设

3.2.1.1 心理契约与个体和谐倾向的关系

组织心理学家 Argyris（1960）将契约的概念引入心理学领域，并进行了详细的论述，强调在员工与组织的联系中，不仅包含正式的经济契约（体现在雇佣合同中）所规定的内容，还隐藏着构成心理契约内容的隐含的、非正式的、未陈述的相互期望和理解。借助文献回顾发现，大多数研究者认同"二维结构"理论的交易契约和联系契约，但也有学者如卢梭将心理契约分为交易维度、关系维度和团队成员维度"三维结构"。Tsui（2001）从员工的角度给出了四种类型的心理契约：交易型，任务细化，雇主予以短期奖励；过渡型，无具体任务，雇主予以短期奖励；平衡型，任务细化且清晰，雇主予以长期报酬为补偿；相互之间关系型，任务不明确，但雇主同样予以长期报酬。李原（2002）借助实证研究将组织中知识型员工的心理契约分为员工对组织的责任和组织对员工的责任两个方面，以及规范责任、人际责任和责任感三个维度。强调人际交往和社会联系在员工责任中相当重要，尤其是根据中国文化背景，员工人际交往和人际环境责任心理契约在中国社会关系中占主导地位。石若坤和刘新华（2007）指出，心理契约被用来研究组织中复杂而微妙的人际关系。当组织与员工之间构建良好的心理契约时，这种默契会改善他们之间的关系，形成积极的效果。陈小锋（2012）在研究中，基于中国文化背景，通过对在企业中处于核心地位的知识员工的价值观、思维方式、情感表达和心理需求进行深入剖析，总结出与前人不同的三个维度的心理契约。胡继魁（2015）在研究中提到，员工心理契约中的人际责任心理契约能提高员工工作效率和工作积极性，有利于逐步建立和谐的人际关系。

基于上述分析，得出如下假设：

H1：心理契约与个体和谐倾向呈显著正相关。

3.2.1.2 心理契约的三个维度与个体和谐倾向的关系

对于心理契约的相关研究从 20 世纪 60 年代起逐渐引起了学者们的关

注，经过多年来的研究，其组成要素、维度及概念已在学术界达成一定的共识。通过对文献进行收集整理后发现，在心理契约维度的划分中，是否能够预测高等院校毕业后入职企业的员工的心理契约与和谐倾向之间的关系，取决于维度划分的类别是否得当。国内学者李原（2002）结合中国文化背景，开发了具备三维结构（人际责任心理契约、规范性责任心理契约、发展性责任心理契约）的员工心理契约量表。一般情况下，基于中国文化背景，对员工个体进行深度访谈，能更有效地解释中国人的心理契约。

陈小锋（2012）总结了前人提出的心理契约的定义。参照个体层面对雇佣关系中心理契约的感知，他了解到雇主与雇员相互间的责任和义务是基于承诺、信任和感知的，以上又分为交易心理的契约、相互之间关系的心理契约和发展的心理契约。交易维度的心理契约是指员工努力工作，以换取组织予以的相应报酬。它是一种建立在经济利益基础上的契约关系，能够反映员工对组织的认同。具备关系型心理契约的员工以忠诚度和长期工作为代价，以换取组织的认可、培训机会和稳定的工作保障，这是一种根据社会情感交换的契约关系，恰恰反映出员工在工作中重视人际交往和团队合作的和谐。这类员工关心的是工作环境、同事是否相处融洽。发展型心理契约是指员工期望组织给予具有挑战性的工作、自主决策和发展机会等，从中可以看出员工更具自主性。富有挑战性的工作任务让员工本人在这样的环境中快速成长，实现自我价值。本书根据心理契约的分类，发现规范型责任心理契约、人际责任心理契约、发展型责任心理契约与交易型心理契约、相互之间关系型心理契约、发展型心理契约的内容一致（张竹林，2015），在对相关文献进行深入研讨后，结合研究对象的特点和需求，本书选取了陈小锋（2012）对于心理契约的划分方式来进行相关研究。

基于上述分析，得出如下假设：

H1a：交易型心理契约与个体和谐倾向呈显著正相关。

H1b：关系型心理契约与个体和谐倾向呈显著正相关。

H1c：发展型心理契约与个体和谐倾向呈显著正相关。

3.2.2 个体和谐倾向与知识共享行为的关系

Blau 认为，"社会交换"和"经济交换"会影响人际互动，基于"互惠规范"组织内容的人际互动关系存在两者相互间的责任和义务。这样的关系会依据双方的心理契约来决定关系的良好与否，从而影响知识共享客体的前途和组织的未来等，为寻求两者的良好发展，知识共享需求方则需要花时间和精力用在维持良好关系上，保证除报酬外的，权力、社会地位的良好发展，使人与人之间、人与组织之间的关系处于和谐状态。

组织管理中的和谐概念可以从两个方面进行理解，在宏观层面上是指管理层期望达到的目标状态或精神境界，在微观层面也能够指组织中人际交往的联系类型。近些年，西方管理学也开始借用和谐（Harmony）的概念，特别是在冲突管理的研究领域，和谐被认为是处理人际冲突的高效方式，是消除冲突和保持群体一致性的价值取向。"和谐"在中国社会中具有重要价值，中国人为追求和谐，倾向于回避冲突，并由此建立长期互利关系。黄曬莉（2007）认为，和谐是用积极的态度看待对方，同时在交流时表现出主动，能体现人与人之间的信任和支持。Leung 等（2002）研究表明，人与人之间的和谐由信任、真诚和关系建立，人际价值观的和谐可以促进人际和谐行为。此后，Leung 还进一步指出和谐能表示双方的相互信任关系，双方的积极互动能达到真正的和谐。路琳和梁学玲（2009）认为，员工之间的人际关系和谐能提高工作效率，在人际互动中能为知识共享行为提供有利条件，因

此员工在组织内进行积极的沟通能促使知识得到充分共享。王国保（2010）
认为，员工之间和谐相处能使人身心愉快，有利于在工作上取得更好的成
绩，身处和谐的环境中，员工更愿意共享知识。

基于上述分析，得出如下假设：

H2：个体和谐倾向与知识共享行为呈显著正相关。

3.2.3　员工个体心理契约与知识共享行为的假设

3.2.3.1　员工个体心理契约与知识共享行为的关系

心理契约是否得到满足实际上就是人的一种内部心理过程，决定着知
识共享行为的产生，对个体是否进行知识共享行为具有重要作用。知识共
享行为是互动的过程，个体对知识接收具有自主权，当面对知识时，个体
可以根据需求、心理、环境等情况选择接收知识，也可以选择不接收。参
照结合理性行为理论，每个人的行为都是理性的，只有收益大于成本才会
发生行为。Stenmark（2002）、Siemsen 等（2008）也认为，如果没有强烈
的个人动机，人们不太可能会获得知识。心理契约被认为是员工与其管理
者之间的一连串信念，关联到员工对各类需求的满足程度，需求的满足程
度会影响员工的行为动机。在员工心理契约的各项内容得到满足，即员工
所期望的高额报酬、职业发展和工作自主性等得到满足时，说明员工对组
织的期望和组织对员工的期望之间存在较高的契合度，那么员工会感到组
织对自己的支持和关心，进而会愿意发生知识共享行为，来促进组织内
各关系层的共同发展，而且满足的程度越高，知识共享行为就越容易
产生。

基于上述分析，得出如下假设：

H3：员工个体心理契约与知识共享行为呈显著正相关。

3.2.3.2 员工个体心理契约三个维度与知识共享行为的关系

心理契约是存在于个体与组织当中的非书面内容，体现了个体与组织间雇佣关系最基本的内隐化的心理预期（刘海珍，2017）。尽管有部分学者对心理契约进行了"二维结构"或是"三维结构"甚至是"四维结构"的研究及划分，但各研究结构显示，西方文化背景下组织中个体与组织间的心理契约与中国文化背景下组织中个体与组织间的心理契约的标准可能存在一定的适用性。此外，本书的研究对象为高等院校毕业后入职企业的员工，而高等院校毕业后入职企业的员工认为影响其与组织关系的有组织提供的学习机会、适当的培训、职业发展机会以及良好的发展空间等因素（严进等，2010）。由此表明，此类员工入职除薪资待遇外，影响他们入职的还有组织为其带来的发展空间及个人提升等因素。陈小锋（2012）根据已有文献中的心理契约量表，基于中国文化背景，归纳和梳理了符合本土文化背景的员工个体心理契约的内容界定和测量方法，开发了符合员工个体层面的三个维度的心理契约量表。

基于上述分析，得出如下假设：

H3a：交易型心理契约与知识共享行为呈显著正相关。

H3b：关系型心理契约与知识共享行为呈显著正相关。

H3c：发展型心理契约与知识共享行为呈显著正相关。

3.2.4 员工个体和谐倾向的中介作用

近些年，我们国家提倡构建和谐社会，对和谐的研究逐渐增多。"和"是中国传统文化中的经典概念之一。席酉民（1989）提出的"和谐论"不仅涵盖了系统组成与组织结构是否匹配、比例是否协调，还涵盖系统、子部门、成员之间的各种联系是否协调等，适用于描述以人为主体的社会经济系统。Blau（1964）也指出，良好的社会关系是社会交换的基础。李原（2002）指出，人需要生活在社会关系中。成员间的人际协调与合作、互助，都能够体现良好的人际关系，形成情感行为。同样，石若坤等（2007）在研究中提到，当组织与员工之间构建良好的心理契约时，这种默契会改善他们之间的关系，并形成积极的效果。毛世佩（2008）研究发现，关系心理契约的特征能够解释价值和谐倾向与合作沟通的关系，具备显著的正向效果，而和谐精神的核心是信任、团结，合作和知识共享能够使关系更密切。Leung（1997）在研究中发现，当人们把人际关系的和谐确定为是追求的目标时，人们会尝试以合作的方式处理不同的意见和争端，并加以建构，从而达到自己的目标，这结果将增强人与人之间的关系。之后，Leung 等（2002）也指出，价值观的和谐能够促进人与人之间增进和谐的行为。路琳和陈晓荣（2011）在研究中指出，我们国家正在构建和谐社会，员工之间和谐的人际关系能够提高工作效率，而组织内部的人际和谐是管理成果的重要标志之一。此前，路琳还提到人际交往中的互动是促成知识共享行为的有利条件，员工在组织内积极交流的同时，知识会得以充分共享，同时也能够启动知识的创新。

基于上述文献，本书试图进一步推论心理契约、和谐倾向与知识共享行为相互间的关系以及产生的间接效果。

基于上述分析，得出如下假设：

H4：员工个体和谐倾向在心理契约与知识共享行为之间起中介作用。

H4a：员工个体和谐倾向在交易型心理契约与知识共享行为之间起中介作用。

H4b：员工个体和谐倾向在关系型心理契约与知识共享行为之间起中介作用。

H4c：员工个体和谐倾向在发展型心理契约与知识共享行为之间起中介作用。

3.2.5 自我效能感在员工个体和谐倾向与知识共享行为之间的调节作用

在知识经济时代，知识具有实践性和目的性，知识的转移必须结合具体的时间、空间和目的等环境因素才能完成。即使在最好的条件下，只有小部分人可以将知识复制、转移。此时，一个组织创造财富的能力会与其学习和分享知识的能力成正比。知识共享是学习型组织的重要特征，学习型组织需要知识共享的支持（罗志勇，2003）。而组织学习只有通过个体学习才能最终实现，从而达到组织预期的绩效（刘丽丽，2016）。知识共享是组织产生绩效的关键环节，员工在知识共享过程中，会因为自身的情况产生不同的心理契约，并根据个人和谐倾向进行知识共享，最终产生对个人和组织均有益的结果。通过研究，大多数学者认为知识共享行为包括知识贡献行为和知识获取行为，指的是知识拥有方将自己的知识分享给其他人，知识获取方通过接受他人传授的知识并从中学习，进而转化为自身的知识，并利用这些知识产生新的想法。这说明有效的知识共享不仅强调知识贡献者对于知识的提供，还强调知识获取者需要有足够的能力去学习、吸收及利用。自我效能感能使个体对自身具有强大的信念，相信自己在应对有难度的工作时，能够采取积极主动的措施进行调节以完成知识共享，也就是说，知识获取者作为知识共享客体会通过感知其对特定领域、任务和问题的有效控制来完成知识共享行为。

综上所述，本书尝试就知识共享行为和和谐倾向两者之间的关系进行推论，认为自我效能感水平较高的员工在其和谐倾向与知识共享行为之间的关系会有所变化。

基于上述分析，得出如下假设：

H5：自我效能感调节员工个体和谐倾向与个体知识共享行为之间的关系。

基于以上研究基础和研究假设，本书构建了心理契约—员工个体和谐倾向—知识共享行为的概念模型，如图 3-1 所示。

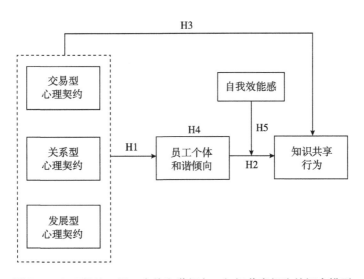

图 3-1 心理契约—员工个体和谐倾向—知识共享行为的概念模型

资料来源：笔者整理。

本书以心理契约这一变量为出发点，加入知识共享对象和谐倾向这一中介变量，并以自我效能感为调节变量，构建了研究模型，共提出5类14个研究假设，具体汇总如表3-1所示。

表3-1　假设汇总

假设序号	假设路径
H1	心理契约与个体和谐倾向呈显著正相关
H1a	交易型心理契约与个体和谐倾向呈显著正相关
H1b	关系型心理契约与个体和谐倾向呈显著正相关
H1c	发展型心理契约与个体和谐倾向呈显著正相关
H2	个体和谐倾向与知识共享行为呈显著正相关
H3	员工个体心理契约与知识共享行为呈显著正相关
H3a	交易型心理契约与知识共享行为呈显著正相关
H3b	关系型心理契约与知识共享行为呈显著正相关
H3c	发展型心理契约与知识共享行为呈显著正相关
H4	员工个体和谐倾向在心理契约与知识共享行为之间起中介作用
H4a	员工个体和谐倾向在交易型心理契约与知识共享行为之间起中介作用
H4b	员工个体和谐倾向在关系型心理契约与知识共享行为之间起中介作用
H4c	员工个体和谐倾向在发展型心理契约与知识共享行为之间起中介作用
H5	自我效能感调节员工个体和谐倾向与个体知识共享行为之间的关系

资料来源：笔者整理。

第4章　问卷设计与测量研究

在本书的前几章中，进行了文献梳理和基础理论回顾，并在此基础上提出了研究假设，构建了研究模型。本章我们将讨论研究模型中关键变量的研究尺度，主要借助小样本预调查的方法来进行，并对预调查的数据进行分析和讨论，检验研究模型的信度和效度。为以后大规模的正式问卷调查提供合理有效的科学依据，保证正式问卷调查的可靠性。

4.1　问卷设计

结合本书构建的理论框架和研究假设，确定问卷中需要测量的主要变量。本书主要涉及四个变量：一是心理契约；二是员工个体和谐倾向；三是知识共享行为；四是自我效能感。变量的测量量表大都来源于现有研究中较成熟的测量量表。

本书的研究对象为高等院校毕业后入职的企业员工，并以此为切入点，展开相关调查，着重对员工心理契约对知识共享行为的影响进行探讨。本书需要测量的变量如下：

4.1.1 心理契约

本书主要参考如下学者在心理契约量表方面的研究成果：Rousseau（1990）以 129 名 MBA 毕业生为样本进行研究，得出员工心理契约的主要内容；朱晓梅和王崇明（2005）以 40 家企业的 562 名知识型员工为样本研究了 16 项主要内容；李原和郭德俊（2006）以 20 家公司的 796 名员工为样本研究了 20 项主要内容；陈小锋（2012）以南昌、上海、温州等地的 24 家高科技企业的知识型员工为研究样本进行探究，得出了 20 项主要内容。笔者将以上研究中所涉及的测量量表进行归纳、整理与分析，认为李原等针对中国本土公司员工所进行的研究较符合中国文化的基本特征，文中所划分的规范型责任心理契约、人际型责任心理契约、发展型责任心理契约分别与交易型心理契约、关系型心理契约和发展型心理契约的内容相符（张竹林，2015）。因此，根据本书的研究内容，基于研究对象的特征，在陈小锋（2012）的研究基础上，得出了本书的心理契约量表，具体内容如表 4-1 所示。

表 4-1　心理契约量表

测量条款
Qy1 企业提供了有吸引力的薪酬和福利
Qy2 与其他员工相比，企业提供的薪酬和福利比较公平
Qy3 企业提供了合理的绩效奖励

续表

测量条款
Qy4 与其他类似的企业相比，本企业的薪酬和福利具有竞争力
Qy5 企业提供了舒适的工作环境
Qy6 企业提供了培训和学习的机会
Qy7 企业提供了长期的工作保障
Qy8 企业提供了良好的晋升渠道
Qy9 我在工作时能够得到上级的指导、支持和鼓励
Qy10 企业提供了完成工作所需的资源和设备
Qy11 企业提供了良好的沟通渠道，认真听取员工的意见
Qy12 企业关心员工的个人生活和成长
Qy13 企业提供互相合作的工作氛围
Qy14 企业对我的成绩和贡献能够给予肯定
Qy15 企业提供了适合的、能发挥员工才能的工作
Qy16 企业给我提供了较为丰富的职业发展机会
Qy17 我在工作中有自主性
Qy18 企业给了我应有的尊重和信任
Qy19 企业提供了有意义的、具有挑战性的工作
Qy20 企业鼓励员工创新，并积极接纳新观念

资料来源：陈小锋（2012）。

4.1.2　员工个体和谐倾向

　　知识共享是一个传播过程，需要知识拥有者和获取者之间的双向互动。从某种角度来看，这对于知识需求者来说，是一个"学习"的过程。学习者能够借助这个过程加深理解，拓展个人的认识。此时个人知识的升华、在组织中的成长都是员工实现自我价值的有效途径，这表明知识获取者会重视组织中的团队合作和和谐的人际关系。Leung 等（2002）曾经提出，人与人之间建立信任、真诚的和谐关系，将促进人际和谐行为。基于此，参考 Leung 等（2002）、王霄和胡军（2005）、王国保（2010）所提出的和谐倾向量表，结合研究对象的现实情况，形成了本书的和谐倾向量表，具体内容如表 4-2 所示。

表 4-2　员工个体和谐倾向量表

测量条款
Hx1 容忍一切是美德
Hx2 我强烈赞同"家和万事兴"的观点
Hx3 与别人和谐相处是取得成功的重要条件
Hx4 维持人际和谐是生活中的一个重要目标
Hx5 维持与同事的和谐关系能使我拥有更广阔的视野
Hx6 同事之间应当和睦相处

　　资料来源：王国保（2010）；Leung（2001）。

4.1.3　知识共享行为

通过回顾现有的国内外相关文献，发现知识共享的过程是知识外化、获取、吸收和转化的过程。该过程表明知识共享意愿能够有效预测知识共享行为。在相关研究中，许多学者开发了知识共享行为量表。其中，Hooff 和 Bidder（2004）开发的知识共享行为量表包括两个维度：知识贡献和知识获取。王燕飞和朱宇（2012）开发的知识共享量表则包含知识共享意愿和知识共享能力这两个维度。参照以往学者的研究成果，本书认为，知识共享行为是指员工在知识共享中的实际行为。虽说知识拥有者主动提供知识是前提，但在知识共享行为中能否主动学习、获取新知识以促成知识共享行为的真实发生才是判断知识共享成功与否的关键。因此，本书根据已有研究的相关内容，结合本书要探析的内容，最终形成了本书的知识共享行为量表，主要包括知识共享意愿和知识共享能力两个维度，以及 10 个测量条款，具体内容如表 4-3 所示。

表 4-3　知识共享行为量表

测量条款
Gx1 我乐意与他人分享自己的知识与经验
Gx2 参与讨论时我会尽可能地提出自己的意见
Gx3 对于同事提出的问题，我会尽可能地解答
Gx4 同事需要帮助时我会尽量提供他所需要的资料与文件
Gx5 我认为与他人分享知识经验是一件很有成就感的事情

测量条款
Gx6 我能快速地找到执行工作所需要的知识
Gx7 我对新观点或新事物会采取接纳的态度
Gx8 我会以他人理解的方式表达我的意见
Gx9 我有能力分辨出对本工作有价值的知识
Gx10 我可以快速地找到执行工作所需要的特殊技巧

资料来源：王雁飞和朱瑜（2012）。

4.1.4 自我效能感

自我效能感是员工在工作中完成任务的一种信念，它能体现出员工个体的行为决策，提高员工自身的信心，影响个体的努力程度，影响个体遇到困难时所具备的持久度，从而决定个体的行为。因此，对员工实现特定目标行为具有预测性（周文霞，2006）。本书认为，自我效能感影响人的行为选择、思维过程和情绪过程，可以影响个人在不同情境下的行为和决策，反映了个人的动机。自我效能感量表（General Self-Efficacy Scale）简称 GSES，该量表最初由柏林大学心理学家 Ralf Schwarzer 于 1981 年编制，之后中国学者王才康、胡中锋、刘勇（2001）分析了中文版自我效能感量表的信度和效度，并证实了其他语言版本的 GSES 也具备较高的信度和效度，证实了 GSES 的单维性。因此，本书拟采用王才康等学者翻译的中文版自我效能感量表进行测量，具体内容如表4-4所示。

表 4-4 自我效能感量表

测量条款
Xn1 如果我尽力去做的话，我总是能够解决问题
Xn2 即使别人反对我，我仍有办法取得我所要的
Xn3 对我来说，坚持理想和达成目标是轻而易举的
Xn4 我自信能有效地应付任何突如其来的事情
Xn5 以我的才智，我定能应付意料之外的情况
Xn6 在工作中，如果我付出必要的努力，我一定能解决大多数的难题
Xn7 我能冷静地面对工作中的困难，因为我信赖自己处理问题的能力
Xn8 面对一个难题时，我通常能找到几个解决方法
Xn9 有麻烦的时候，我通常能想到一些应对的方法
Xn10 无论什么事发生在我身上，我都能应对自如

资料来源：Zhang 和 Schwarzer（1995）；王才康、胡中锋和刘勇（2001）。

4.2 小样本预调研

如前所述，本书的核心变量在测量上沿用了前人的成熟量表，为了让本书所使用的测量量表更具适用性、合理性和科学性，在正式调研开始之前，先在小范围内对符合条件的调查对象进行小样本预调研。依据本次预调查得到的数据，进行因子分析和信度分析，检验初始量表的信度和效度是否通过，进而判断是否需要对初始量表进行优化，即删除不符合要求的题目，进一步完善测量量表，逐步形成正式的调查问卷，以确保正式调查的有效性和可靠性，进一步提升研究结论的可信度和稳定性。

4.2.1 小样本取样及数据描述

小样本调查采取发放问卷的方式进行。问卷由五个部分组成：第一部分是调查对象的基本情况；第二部分是反映组织内员工个体心理契约状态的测量项；第三部分是反映组织中员工个体和谐倾向的测量项；第四部分是反映组织内员工知识共享行为的测量项；第五部分是反映组织中员工个体自我效能感的测量项。本书面向社会，抽取单位内的员工进行预调查，共发放问卷104份，回收有效问卷104份，有效回收率为100%。参照李克特五点量表（见表4-5），填写问卷。结合个人认知，对组织的真实情况与问题陈述进行——比较，分别对每个系统前期的真实情况进行打分。

表4-5 调查问卷采用的李克特五点量表

非常不同意	比较不同意	一般	比较同意	非常同意
1	2	3	4	5

资料来源：笔者整理。

4.2.2 小样本信度分析

信度是指量表的可信度。信度检验用以检验问卷的结果，衡量量表的稳定性和信度是否符合测量标准。信度水平决定了该量表是否可用于结构的测量。通过对采集到的小样本进行信度分析，筛选出那些对量表贡献不大的项目，将其剔除，最终形成信度较好的量表。一般情况下，根据实用性原则，学术研究

中普遍使用 α 信度系数法来衡量量表的信度水平。如果克隆巴赫系数大于 0.9,则认为该量表内部信度高;如果克隆巴赫系数大于 0.7 小于 0.9,则认为内部信度良好;如果克隆巴赫系数大于 0.5 小于 0.7,则认为内部信度能够接受;如果克隆巴赫系数小于 0.5,则认为量表设计存在严重问题,应考虑重新设计。结合预调查问卷的心理契约量表,本书得出信度分析结果,具体内容如表 4-6 所示。

表 4-6 预调研问卷心理契约量表的信度分析结果

维度	题项	校正后项目与总分相关性(CITC)	项目删除后的克隆巴赫系数	克隆巴赫系数
交易型心理契约	Jy1	0.761	0.885	0.905
	Jy2	0.854	0.865	
	Jy3	0.857	0.864	
	Jy4	0.774	0.882	
	Jy5	0.582	0.922	
关系型心理契约	Gx1	0.779	0.909	0.922
	Gx2	0.670	0.916	
	Gx3	0.762	0.910	
	Gx4	0.272	0.944	
	Gx5	0.817	0.906	
	Gx6	0.830	0.905	
	Gx7	0.821	0.906	
	Gx8	0.804	0.907	
	Gx9	0.837	0.906	
发展型心理契约	Fz1	0.873	0.930	0.944
	Fz2	0.863	0.930	
	Fz3	0.709	0.948	
	Fz4	0.864	0.930	
	Fz5	0.873	0.929	
	Fz6	0.822	0.936	

资料来源:笔者整理。

由表4-6可知，交易型心理契约、关系型心理契约、发展型心理契约的克隆巴赫系数分别为0.905、0.922、0.944，均大于0.9，说明研究数据信度较高。其中，题项Gx4的CITC值小于0.3，删除该题项后可以进一步提高关系型心理契约的克隆巴赫系数，因此需要删除题项Gx4。其他维度各测量项的CITC值均大于0.3，说明各项之间具备较好的相关性，也说明信度水平比较符合预期，删除任意一项后，量表的克隆巴赫系数不能进一步提高。因此不需要删除项目。综上所述，剔除项目后，系数大于0.9，综合说明数据信度较高，可用于深入分析。

员工个体和谐倾向量表的信度分析结果如表4-7所示。

表4-7　预调研问卷员工个体和谐倾向量表的信度分析结果

量表	题项	校正后项目与总分相关性（CITC）	项目删除后的克隆巴赫系数	克隆巴赫系数
员工个体和谐倾向	Hx1	0.613	0.888	0.892
	Hx2	0.627	0.888	
	Hx3	0.695	0.876	
	Hx4	0.703	0.874	
	Hx5	0.853	0.851	
	Hx6	0.834	0.859	

资料来源：笔者整理。

由表4-7可知，员工个体和谐倾向量表的克隆巴赫系数为0.892，大于0.7，说明研究数据信度较好。量表中各测量项目的CITC值均大于0.3，删除任何项目后，量表的克隆巴赫系数均不能进一步提高。因此，无须删除项目即可用于深入分析。

知识共享行为量表的信度分析结果如表4-8所示。

表4-8　预调研问卷知识共享行为量表的信度分析结果

量表	题项	校正后项目与总分相关性（CITC）	项目删除后的克隆巴赫系数	克隆巴赫系数
知识共享行为	Xw1	0.765	0.877	0.895
	Xw2	0.180	0.915	
	Xw3	0.807	0.876	
	Xw4	0.751	0.879	
	Xw5	0.779	0.876	
	Xw6	0.251	0.926	
	Xw7	0.855	0.872	
	Xw8	0.807	0.874	
	Xw9	0.824	0.873	
	Xw10	0.796	0.875	

资料来源：笔者整理。

由表4-8可以看出，知识共享行为量表的克隆巴赫系数为0.895，大于0.7，表明研究数据的信度比较符合预期。其中，Xw2和Xw6的CITC值小于0.3。删除这两项后，知识共享行为的克隆巴赫系数得以进一步提高。因此，应当删除题项Xw2和Xw6。综上所述，剔除题项Xw2和Xw6后，研究数据的信度系数值大于0.8，综合说明数据信度较高，可用于深入分析。

自我效能感量表的信度分析结果如表4-9所示。

表4-9　预调研问卷自我效能感量表的信度分析结果

量表	题项	校正后项目与总分相关性（CITC）	项目删除后的克隆巴赫系数	克隆巴赫系数
自我效能感	Xng1	0.803	0.928	0.937
	Xng2	0.857	0.925	
	Xng3	0.225	0.955	
	Xng4	0.743	0.931	
	Xng5	0.839	0.926	
	Xng6	0.763	0.930	
	Xng7	0.812	0.928	
	Xng8	0.882	0.924	
	Xng9	0.801	0.929	
	Xng10	0.813	0.928	

资料来源：笔者整理。

由表4-9可以看出，自我效能感量表的克隆巴赫系数为0.937，大于0.9，说明研究数据的信度较高。其中，题项Xng3的CITC值小于0.3，删除此项后，克隆巴赫系数得以进一步提高。因此，应当删除此项。综上所述，剔除项目后，研究数据信度系数值大于0.9，综合说明数据信度较高，可用于进一步分析。

4.2.3　小样本效度分析

效度检验用于衡量某一概念的量表是否衡量了该概念及其准确性。探索性因素分析是效度检验中常用的方法。通常，量表的效度是依据因子载荷值的大小来判断的。因此，本书主要采取 KMO 和 Bartlett 球形检验来判断是否适合进行因子分析，检验结果如表4-10、表4-12、表4-14 和表4-16 所示。一般来说，KMO 检验的统计值在 0~1，KMO 越接近 0，说明变量之间的相关性越弱；KMO 越接近 1，说明变量之间的相关性越强。

表 4-10　预调研问卷心理契约量表的 KMO 和 Bartlett 球形检验结果

KMO 取样适切性量数		0.906
Bartlett 球形检验	近似卡方	1930.456
	df	171
	p 值	0.000

资料来源：笔者整理。

由表4-10 可以看出，KMO 值为 0.906，大于 0.9，说明非常合适；而 Bartlett 球形检验统计量的值为 1930.456，分析得到的 p 值为 0.000，小于 5% 的显著性水平，依据因子分析的标准，样本数据非常适合因子分析。

心理契约量表的因子分析结果如表4-11 所示。

表 4-11　预调研问卷心理契约量表的因子分析结果

	成分		
	因子 1	因子 2	因子 3
Jy1			0.823
Jy2			0.857

心理契约对知识共享行为的影响研究

续表

	成分		
	因子1	因子2	因子3
Jy3			0.868
Jy4			0.809
Jy5			0.617
Gx1	0.732		
Gx2	0.685		
Gx3	0.737		
Gx5	0.774		
Gx6	0.781		
Gx7	0.792		
Gx8	0.780		
Gx9	0.790		
Fz1		0.844	
Fz2		0.811	
Fz3		0.758	
Fz4		0.855	
Fz5		0.880	
FZz6		0.752	
特征值	5.483	4.858	3.959
方差百分比（%）	28.856	25.570	20.838
累计方差百分比（%）	28.856	54.427	75.264

资料来源：笔者整理。

由表 4-11 可以看出，依据累计贡献率超过 50%且特征值大于 1 的原则，能够提取出 3 个主要因子、19 个项目。从提取的三个主要因子来看，Jy1～Jy5 在因子 3 上的载荷较大，因子 3 中的题项如"单位提供了合理的绩效奖励"与交易型心理契约相关，本书将其命名为交易型心理契约因子（Jy）；Gx1～Gx9 在因子 1 上的载荷较大，因子 1 中的题项如"单位提供互相合作的工作氛围"与关系型心理契约相关，本书将其命名为关系型心理契约因子（Gx）；Fz1～Fz6 在因子 2 上的载荷较大，因子 2 中的题项如"单位提供了有意义的、具有挑战性的工作"与发展型心理契约相关，本书将其命名为发展型心理契约因子（Fz）。三个因子的累计方差贡献率达到75.264%，表明剔除的信息量很少，提取三个因子合理，因子分析结果可靠。从因子分析结果来看，交易型心理契约因子（Jy）、关系型心理契约因子（Gx）和发展型心理契约因子（Fz）的载荷均大于 0.5，没有出现严重的交叉载荷，且每个测量项目都聚类在相应的因子下，从而表明该量表具备良好的结构效度。

　　由表 4-12 可以看出，KMO 值为 0.892，大于 0.8，说明适合；而 Bartlett 球形检验统计量的值为 370.496，分析得到的 p 值为 0.000，小于 5% 的显著性水平，根据因子分析的标准，样本数据非常适合做因子分析。

表 4-12　预调研问卷员工个体和谐倾向量表的 KMO 和 Bartlett 球形检验结果

KMO 取样适切性量数		0.892
Bartlett 球形检验	近似卡方	370.496
	df	15
	p 值	0.000

资料来源：笔者整理。

员工个体和谐倾向量表的因子分析结果如表 4-13 所示。

表 4-13　预调研问卷员工个体和谐倾向量表的因子分析结果

	成分
	因子 1
Hx1	0.721
Hx2	0.732
Hx3	0.799
Hx4	0.810
Hx5	0.914
Hx6	0.901
特征值	3.998
方差百分比（%）	66.627
累计方差百分比（%）	66.627

资料来源：笔者整理。

由表 4-13 可以看出，依据累计贡献率超过 50% 且特征值大于 1 的原则，能够从中提取 1 个主要因子、6 个项目。从提取的主要因子来看，累计方差贡献率达到 66.627%，表明剔除的信息量很少，提取的因子合理，因子分析结果可靠。诸如"我认为与人和睦相处是成功的重要条件"等项目与员工个体和谐倾向有密切关联，本书将其命名为员工个体和谐倾向因子（Hx）。从因子分析结果表来看，因子载荷均大于 0.5，说明该量表具备良好的结构效度。

由表 4-14 可以看出，KMO 值为 0.899，大于 0.8，说明适合；而 Bartlett 球形检验统计量的值为 849.399，分析得到的 p 值为 0.000，小于 5%的显著性水平，根据因子分析的标准，样本数据非常适合做因子分析。

表 4-14　预调研问卷知识共享行为量表的 KMO 和 Bartlett 球形检验结果

KMO 取样适切性量数		0.899
Bartlett 球形检验	近似卡方	849.399
	df	28
	p 值	0.000

资料来源：笔者整理。

知识共享行为量表的因子分析结果如表 4-15 所示。

表 4-15　预调研问卷知识共享行为量表的因子分析结果

	成分
	因子 1
Xw1	0.856
Xw3	0.874
Xw4	0.849
Xw5	0.847
Xw7	0.904
Xw8	0.872
Xw9	0.864
Xw10	0.845

续表

	成分
	因子1
特征值	5.972
方差百分比（%）	74.649
累计方差百分比（%）	74.649

资料来源：笔者整理。

由表4-15可以看出，依据累计贡献率超过50%且特征值大于1的原则，能够提取出1个主要因子、8个项目。从提取的主要因子来看，累计方差贡献率达到74.649%，表明去除的信息量很少，因子分析结果可靠。诸如"我认为与他人分享知识和经验是一件很有成就感的事情"等项目与知识共享行为相关，本书将其命名为知识共享行为因子（Xw）。从因子分析结果来看，因子载荷均大于0.5，说明该量表具备良好的结构效度。

由表4-16可以看出，KMO值为0.925，大于0.9，说明非常合适；而Bartlett球形检验统计量的值为879.370，分析得到的p值为0.000，小于5%的显著性水平，根据因子分析的标准，样本数据非常适合做因子分析。

表4-16 预调研问卷自我效能感量表KMO和Bartlett检验结果

KMO取样适切性量数		0.925
Bartlett球形检验	近似卡方	879.370
	df	36
	p值	0.000

资料来源：笔者整理。

自我效能感量表的因子分析结果如表 4-17 所示。

表 4-17　预调研问卷自我效能感量表的因子分析结果

	成分
	因子 1
Xng1	0.856
Xng2	0.885
Xng4	0.811
Xng5	0.882
Xng6	0.822
Xng7	0.866
Xng8	0.917
Xng9	0.852
Xng10	0.844
特征值	6.656
方差百分比（%）	73.959
累计方差百分比（%）	73.959

资料来源：笔者整理。

由表 4-17 可以看出，依据累计贡献率超过 50% 且特征值大于 1 的原则，能够从中提取出 1 个主要因子。从提取的主要因子来看，累计方差贡献率达到 73.959%，表明剔除的信息量很少，提取的因子合理，因子分析结果可靠。诸如"如果我尽力而为，我总能解决问题"等项目与自我效能感相关，本书将其命名为自我效能感因子（Xng）。从因子分析结果来看，因子载荷均大于 0.5，说明该量表具备良好的结构效度。

预调研的结果表明调查问卷的设计是较为合理的，但为了使正式调研数据更具有效性和可靠性，最终删除了4个题项。其中心理契约量表删除1个题项，保留了19个题项；知识共享行为量表删除2个题项，保留了8个题项；自我效能感量表删除1个题项，保留了9个题项。最后生成本书所使用的正式量表，为大样本的正式问卷调查设计了更具适用性、合理性和科学性的量表。

第5章　实证分析与假设检验

本书在前一章进行了小样本预调研，并对量表进行了信效度检验。本章根据前一章的预调研结果对问卷问题进行相关的处理后，进行正式问卷调查，并观察调查对象的样本特征，对员工个体心理契约、和谐倾向、知识共享行为、自我效能感等核心变量之间的关系进行实证分析和检验。

5.1　频数分析

本书在前一章进行了小样本预调研，对量表的信度和效度进行了检验。本次调查借助问卷星向高校毕业生发放问卷。正式发放问卷历时 1 个月，发放问卷 511 份，回收有效问卷 511 份，有效回收率 100%。有效样本量满足 Nunnally 和 Bernstein（1994）提出的样本量至少是测量项目的 5 倍的要求。

控制变量是妨碍因变量的自变量以外的因素。除了本书的理论模型所讨论的一些关键自变量外，一些基本变量如人口统计特征也可能对解释变量产生影响。为了测量调查对象的人口统计特征，根据以往的理论研究和经验，本次调查主要考察性别、年龄、受教育程度、收入、工作年限五个方面。

（1）性别。在以往的研究中，性别的测量多以"1"代表男性，以"0"代表女性。本书参考了这种方法。

（2）年龄。在以往的研究中，年龄段的划分多以5年为时间跨度，结合大学毕业生的年龄段，即"研究对象以本科毕业生为主，且以25～40岁居多"，因此，在本次研究中，将年龄段划分为18～25岁、26～30岁、31～40岁、41岁及以上。

（3）受教育程度。因为本书研究面向社会高校本科毕业生进行调查，为了确保个体认知层面的充分理解，且不遗漏其他信息，因此本次调查问卷将受教育程度分为本科、硕士及以上。

（4）收入。本书研究面向社会，对象为高校本科毕业生，涉及行业多，工作岗位面广，为确保个人利益对本研究变量影响程度的真实有效性，因此在本书中将收入分为每月2000～5000元、每月5000～8000元、每月8000元以上。

（5）工作年限。由于组织中的知识共享对象借助知识获取、交流、消化、接受和应用发生知识共享行为，因此工作年限从某种角度来看，对于知识获取和应用尤为重要。本书中，工作年限设定为1年以下、1～2年、3～4年、4年以上。

有效样本的人口学特征见表5-1，其中包含性别、年龄、受教育程度、收入和工作年限。

表 5-1 人口统计特征频数分析

项目	内容分类	频率	百分比（%）
性别	男	247	48.3
	女	264	51.7
年龄	18~25 岁	143	28.0
	26~30 岁	223	43.6
	31~40 岁	139	27.2
	41 岁及以上	6	1.2
受教育程度	本科	320	62.6
	硕士及以上	191	37.4
收入	每月 2000~5000 元	129	25.2
	每月 5000~8000 元	159	31.1
	每月 8000 元及以上	223	43.6
工作年限	1 年以下	67	13.1
	1~2 年	150	29.4
	3~4 年	128	25.0
	4 年以上	166	32.5

资料来源：笔者整理。

由表 5-1 可以看出：从性别来看，男性人数是 247 人，占 48.3%。女性人数是 264 人，占 51.7%，女性略多于男性，但总体平衡。从年龄来看，26~30 岁是主要年龄段，其次是 18~25 岁和 31~40 岁，41 岁及以上的人数相对较少。从受教育程度来看，本科生数量是 320 人，占 62.6%，硕士及以上学历的数量是 191 人，占 37.4%，本科生人数较多。从收入来看，每月 8000 元及以上相对较多，每月 5000~8000 元、每月 2000~5000 元次之。从工作年限来看，工作年限在 4 年以上和 1~2 年的相对较多。

5.2 量表的信效度检验

5.2.1 信度分析

如前所述，本书首先对核心变量进行了信度检验，并在测量中选用了以往学者的成熟量表，员工个体心理契约、和谐倾向、知识共享行为、自我效能感这四个核心变量的信度分析结果如表 5-2 所示。

表 5-2　各核心变量的信度分析结果

量表	维度	项数	克隆巴赫系数	
心理契约	交易型心理契约	5	0.853	0.921
	关系型心理契约	8	0.893	
	发展型心理契约	6	0.880	
和谐倾向	—	6	0.873	
知识共享行为	—	8	0.914	

续表

量表	维度	项数	克隆巴赫系数
自我效能感	—	9	0.933

资料来源：笔者整理。

由表 5-2 可知，对于心理契约而言，心理契约量表的克隆巴赫系数为 0.921，大于 0.9，说明量表的信度高。其三个维度（交易型心理契约、关系型心理契约、发展型心理契约）的克隆巴赫系数分别为 0.853、0.893、0.880，均大于 0.7，说明这三个维度的信度均较好，表明不应该删除任何一个题项。

对于和谐倾向量表而言，克隆巴赫系数为 0.873，大于 0.7，表明该量表的信度较高，说明任何一个条目都不应该被删除。

对于知识共享行为量表而言，克隆巴赫系数为 0.914，大于 0.9，表明该量表的信度较高，不应删除任何条目。

对于自我效能感量表而言，克隆巴赫系数为 0.933，大于 0.9，说明该量表的信度高，表明不应删除任何一个题项。

综上所述，本书的量表信度通过了检验，在一定程度上说明每个题项都应该保留，因此不再进行删除。

5.2.2　效度分析

在进行探索性因素分析之前，本书对量表的条目进行了信度分析，结果表明各量表的信度均通过了检验，没有需要删除的条目。因此，本书在可靠性分析的基础上采用探索性因素分析来检验变量的 KMO 和 Bartlett，检验结果如表 5-3、表 5-5、表 5-7 和表 5-9 所示。

5.2.2.1　心理契约

由表 5-3 可以看出，心理契约量表的 KMO 值为 0.943，大于 0.9，说明非常合适；而 Bartlett 球形检验统计量的值为 4813.250，分析得到的 p 值为 0.000，小于 5% 的显著性水平，根据因子分析的标准，可知样本数据非常适合做因子分析。相关的因子分析结果如表 5-4 所示。

表 5-3　心理契约量表的 KMO 和 Bartlett 球形检验

KMO 取样适切性量数		0.943
Bartlett 球形检验	近似卡方	4813.250
	df	171
	p 值	0.000

资料来源：笔者整理。

表 5-4　心理契约量表因子分析结果

	成分		
	因子 1	因子 2	因子 3
Jy1			0.772
Jy2			0.765
Jy3			0.739
Jy4			0.690
Jy5			0.760

续表

	成分		
	因子 1	因子 2	因子 3
Gx1	0.754		
Gx2	0.692		
Gx3	0.686		
Gx5	0.690		
Gx6	0.741		
Gx7	0.757		
Gx8	0.683		
Gx9	0.649		
Fz1		0.719	
Fz2		0.765	
Fz3		0.780	
Fz4		0.688	
Fz5		0.763	
Fz6		0.757	
特征值	4.532	3.865	3.217
方差百分比（%）	23.855	20.340	16.932
累计方差百分比（%）	23.855	44.195	61.127

资料来源：笔者整理。

由表 5-4 可知，可以从量表的 19 个题目中提取出三个主要因子。从提取的三个主要因子来看，累计方差贡献率达到 61.127%，表明剔除的信息量很小，提取的因子合理，分析结果可靠。因为，Jy1~Jy5 在因子 3 上的载荷较大，因子3中的题项如"单位提供了合理的绩效奖励"与交易型心理契约相关，本书将其命名为交易型心理契约因子（Jy）；Gx1~Gx9在因子1上的载荷较大，因子1中的题项如"单位提供互相合作的工作氛围"与关系型心理契约相关，本书将其命名为关系型心理契约因子（Gx）；Fz1~Fz6在因子2上的载荷较大，因子2中的题项如"单位提供了有意义的、具有挑战性的工作"与发展型心理契约相关，本书将其命名为发展型心理契约因子（Fz）。因子分析结果表明，交易型心理契约因子（Jy）、关系型心理契约因子（Gx）和发展型心理契约因子（Fz）的因子载荷均大于0.5，不存在严重的交叉载荷，且每个测量项目都聚类在相应的因子下，表明该量表具备良好的结构效度。

5.2.2.2 员工个体和谐倾向

由表5-5可以看出，员工个体和谐倾向量表的KMO值为0.903，大于0.9，说明非常合适；而Bartlett球形检验统计量的值为1303.386，分析得到的p值为0.000，小于5%的显著性水平，根据因子分析的标准，可知样本数据非常适合做因子分析。相关的因子分析结果如表5-6所示。

表5-5　员工个体和谐倾向量表KMO和Bartlett球形检验

KMO 取样适切性量数		0.903
Bartlett 球形检验	近似卡方	1303.386
	df	15
	p 值	0.000

资料来源：笔者整理。

表 5-6 员工个体和谐倾向量表因子分析结果

	成分
	因子 1
Hx1	0.831
Hx2	0.782
Hx3	0.755
Hx4	0.792
Hx5	0.794
Hx6	0.737
特征值	3.672
方差百分比	61.193
累计方差百分比	61.193

资料来源：笔者整理。

由表 5-6 可知，可从 6 个题项中提取出一个主要因子。从提取的主要因子来看，累计方差贡献率达到 61.193%，表明剔除的信息量很小，提取的因子合理，因子分析结果可靠。诸如"我认为与人和睦相处是成功的重要条件"等条目与员工个体和谐倾向有密切关联，本书将其命名为员工个体和谐倾向因子（Hx）。因子分析结果表明，因子载荷均大于 0.5，说明该量表具备良好的结构效度。

5.2.2.3 知识共享行为

由表 5-7 可以看出，知识共享行为量表的 KMO 值为 0.930，大于 0.9，说明非常合适；而 Bartlett 球形检验统计量的值为 2381.203，分析得到的 p

值为0.000，小于5%的显著性水平，依据因子分析的标准，可知样本数据非常适合因子分析。相关的因子分析结果如表5-8所示。

表5-7　知识共享行为量表KMO和Bartlett球形检验

KMO取样适切性量数		0.930
Bartlett球形检验	近似卡方	2381.203
	df	28
	p值	0.000

资料来源：笔者整理。

表5-8　知识共享行为量表因子分析结果

	成分
	因子1
Xw1	0.824
Xw3	0.694
Xw4	0.850
Xw5	0.771
Xw7	0.745
Xw8	0.843
Xw9	0.832
Xw10	0.751
特征值	5.001
方差百分比（%）	62.508
累计方差百分比（%）	62.508

资料来源：笔者整理。

从提取的主因子来看，累计方差贡献率达到 62.508%，表明剔除的信息量很小，因子分析结果可靠。诸如"我认为与他人分享知识和经验是一件非常有成就感的事情"之类的条目与知识共享行为有密切关联，本书将其命名为知识共享行为因子（Xw）。根据因子分析结果可知，因子载荷均大于 0.5，说明该量表具备良好的结构效度。

5.2.2.4　自我效能感

由表 5-9 可以看出，自我效能感量表的 KMO 值为 0.957，大于 0.9，说明非常合适；而 Bartlett 球形检验统计量的值为 2973.340，分析得到的 p 值为 0.000，小于 5% 的显著性水平，根据因子分析的标准，可知样本数据非常适合做因子分析。相关的因子分析结果如表 5-10 所示。

表 5-9　自我效能感量表 KMO 和 Bartlett 球形检验

KMO 取样适切性量数		0.957
Bartlett 球形检验	近似卡方	2973.340
	df	36
	p 值	0.000

资料来源：笔者整理。

表 5-10　自我效能感因子分析结果

	成分
	因子 1
Xng1	0.829

续表

	成分
	因子1
Xng2	0.814
Xng4	0.813
Xng5	0.809
Xng6	0.828
Xng7	0.819
Xng8	0.807
Xng9	0.731
Xng10	0.812
特征值	5.866
方差百分比（%）	65.180
累计方差百分比（%）	65.180

资料来源：笔者整理。

由表5-10可知，可从9个题目中提取出一个主要因子。从提取的主要因子来看，累计方差贡献率达到65.180%，表明剔除的信息量很小，提取的因子合理，因子分析结果可靠。诸如"如果我尽力而为，我总能解决问题"等项目与自我效能感有密切关联，本书将其命名为自我效能感因子（Xng）。根据因子分析结果可知，因子载荷均大于0.5，说明该量表具备良好的结构效度。

5.3 变量的描述性统计分析

为了解样本的分布情况，本书借助 SPSS 软件对四个核心变量进行描述性统计分析。自变量为心理契约，因变量为知识共享行为，中介变量为员工个体和谐倾向，自我效能感为调节变量。本节对各核心变量进行了描述性统计分析，结果如表 5-11 所示，由该表可知，本书考察的四个核心变量的标准差都小于 1，说明数据较为集中，波动较小，符合标准，为后续的数据分析提供了保证。

表 5-11 变量的描述性统计分析

	样本数	最小值	最大值	平均值	标准差
心理契约	511	1.530	4.630	3.803	0.686
交易型心理契约	511	1.200	5	3.845	0.854
关系型心理契约	511	1.380	4.880	3.807	0.817
发展型心理契约	511	1.500	5	3.764	0.830
员工个体和谐倾向	511	1.330	4.830	3.643	0.890
知识共享行为	511	1.130	4.750	3.616	0.887
自我效能感	511	1.560	5	3.881	0.849

资料来源：笔者整理。

由表 5-11 可以看出，心理契约、交易型心理契约、关系型心理契约、发展型心理契约、员工个体和谐倾向、知识共享行为、自我效能感的平均值分别为 3.803、3.845、3.807、3.764、3.643、3.616、3.881，所有研究变量的平均值均大于理论中值 3，表明受访者的评分较高。

5.4 Pearson 相关性分析

本书采用 SPSS 统计软件对模型中研究变量的相关性进行检验分析。相关分析是考量两个变量之间是否存在相关性的一种分析方法。相关系数的值介于−1 和 1 之间，系数值越接近 1，变量之间的正相关性越强，反之，其取值越接近−1，变量之间的负相关性越强，从而判断研究假设是否合理。检验结果如表 5-12 所示。

表 5-12 研究变量之间的 Pearson 相关性检验

	1	2	3	4	5	6	7
1. 心理契约	1						
2. 交易型心理契约	0.768***	1					
3. 关系心理契约	0.881***	0.528***	1				
4. 发展型心理契约	0.803***	0.458***	0.540***	1			
5. 员工个体和谐倾向	0.536***	0.467***	0.439***	0.424***	1		
6. 知识共享行为	0.570***	0.481***	0.480***	0.450***	0.382***	1	
7. 自我效能感	0.533***	0.448***	0.464***	0.402***	0.535***	0.494***	1

注：*、**、***分别代表 $p<0.05$、$p<0.01$、$p<0.001$。

由表 5-12 可知，该表是主要研究心理契约、交易型心理契约、关系型心理契约、发展型心理契约、员工个体和谐倾向、知识共享行为和自我效能感等变量之间的 Pearson 相关程度的分析表，可以看出：

（1）在自变量与中介变量的关系中，心理契约、交易型心理契约、关系型心理契约、发展型心理契约与员工个体和谐倾向均存在显著的正相关关系，其相关系数的大小分别为 0.536、0.467、0.439、0.424，从而初步支持了研究假设 H1～H1c。

（2）在自变量与因变量的关系中，心理契约、交易型心理契约、关系型心理契约、发展型心理契约与知识共享行为之间存在显著的正相关关系，其相关系数的大小分别为 0.570、0.481、0.480、0.450，从而初步支持了研究假设 H3～H3c。

（3）在中介变量与因变量的关系中，员工个体和谐倾向与知识共享行为存在显著的正相关关系，相关系数的大小为 0.382，初步支持了研究假设 H2。

（4）心理契约、交易型心理契约、关系型心理契约、发展型心理契约、员工个体和谐倾向、知识共享行为与自我效能感之间呈显著的正相关关系，相关系数分别为 0.533、0.448、0.464、0.402、0.535、0.494。

变量间存在显著的相关关系是进一步分析的重要依据。以上相关性分析结果初步验证了假设成立，见表 5-13。但是，相关性分析只能证明变量之间的相关性，不能确定变量间的因果关系。因此，在研究变量间的联系时，在完成相关性检验后，还应当做进一步的回归分析。

表5-13 研究假设的相关性检验结果

假设序号	假设路径	Pearson 相关系数	是否支持假设
H1	心理契约↔员工个体和谐倾向	0.536***	支持
H1a	交易型心理契约↔员工个体和谐倾向	0.467***	支持
H1b	关系型心理契约↔员工个体和谐倾向	0.439***	支持
H1c	发展型心理契约↔员工个体和谐倾向	0.424***	支持
H2	员工个体和谐倾向↔知识共享行为	0.382***	支持
H3	心理契约↔知识共享行为	0.570***	支持
H3a	交易型心理契约↔知识共享行为	0.481***	支持
H3b	关系型心理契约↔知识共享行为	0.480***	支持
H3c	发展型心理契约↔知识共享行为	0.450***	支持

注：*、**、***分别代表 $p<0.05$、$p<0.01$、$p<0.001$。

5.5 回归分析

5.5.1 检验结果

为检验上述研究结论的稳健性，本部分采用回归分析法进行检验。分析中仍将人口统计特征变量作为控制变量，其中包含性别、年龄、受教育程度、收入、工作年限等。表5-14显示了心理契约及其三个维度对员工个体和谐倾向的回归分析结果，心理契约、交易型心理契约、关系型心理契约、发展型心理契约为自变量，因变量是员工个体和谐倾向。总共分为 4 个模型：模型 1 中，心理契约对员工个体和谐倾向的回归系数显著为正，两个变量的回归系数为 0.699，证明假设 H1 成立。模型 2 中，交易型心理契约对员工个体和谐倾向的回归系数显著为正，两个变量的回归系数为 0.486，证明假设 H1a 成立。模型 3 中，关系型心理契约对员工个体和谐倾向的回归系数显著为正，两个变量的回归系数为 0.484，证明假设 H1b 成立。模型 4 中，发展型心理契约对员工个体和谐倾向的回归系数显著为正，两个变量的回归系数为 0.459，证明假设 H1c 成立。由此，假设 H1～H1c 均得到进一步的验证。

表 5-14　心理契约及其三个维度对员工个体和谐倾向的回归分析

| | 员工个体和谐倾向 | | | |
	模型 1	模型 2	模型 3	模型 4
常数	1.109**	2.024***	2.061***	1.993***
性别	0.012	-0.013	0.005	0.040
年龄	0.015	0.004	-0.016	0.068
受教育程度	-0.124	-0.100	-0.137	-0.121
工作年限	0.005	-0.018	0.019	-0.040
收入	0.029	0.014	0.016	0.018
心理契约	0.699***			
交易型心理契约		0.486***		
关系型心理契约			0.484***	
发展型心理契约				0.459***

心理契约对知识共享行为的影响研究

续表

| | 员工个体和谐倾向 | | | |
	模型 1	模型 2	模型 3	模型 4
R^2	0.292	0.222	0.199	0.186
F	34.678 ***	23.945 ***	20.886 ***	19.196 ***

注：*、**、***分别代表 p<0.05、p<0.01、p<0.001。

表 5-15 为员工个体和谐倾向对知识共享行为的回归分析结果。自变量是员工个体和谐倾向，因变量是知识共享行为。员工个体和谐倾向对知识共享行为的回归系数显著为正，两个变量的回归系数为 0.381，证明假设 H2 成立，从而进一步验证了假设 H2。

表 5-15　员工个体和谐倾向对知识共享行为的回归分析

	知识共享行为
常数	2.048 ***
性别	0.141
年龄	−0.030
受教育程度	0.114
工作年限	−0.032
收入	−0.040
员工个体和谐倾向	0.381 ***
R^2	0.160
F	15.992 ***

注：*、**、***分别代表 p<0.05、p<0.01、p<0.001。

表 5-16 显示了心理契约及其三个维度对知识共享行为的回归结果，以心理契约及其三个维度——交易型心理契约、关系型心理契约、发展型心理契约为自变量，知识共享行为为因变量。总共分为四个模型：模型 1 中，心理契约对知识共享行为的回归系数显著为正，两个变量的回归系数为 0.735，证明假设 H3 成立。模型 2 中，交易型心理契约对知识共享行为的回归系数显著为正，其回归系数为 0.496，证明假设 H3a 成立。模型 3 中，关系型心理契约对知识共享行为的回归系数显著为正，其回归系数为 0.519，证明假设 H3b 成立。模型 4 中，发展型心理契约对知识共享行为的回归系数显著为正，其回归系数为 0.482，证明假设 H3c 成立。由此，假设 H3～H3c 得到进一步的验证。

表 5-16 心理契约及其三个维度对知识共享行为的回归分析

	知识共享行为			
	模型 1	模型 2	模型 3	模型 4
常数	0.541	1.563***	1.499***	1.472***
性别	0.146*	0.120	0.138*	0.175*
年龄	−0.028	−0.039	−0.061	0.027
受教育程度	0.062	0.087	0.049	0.065
工作年限	0.002	−0.023	0.018	−0.045
收入	−0.003	−0.019	−0.015	−0.015
心理契约	0.735***			
交易型心理契约		0.496***		
关系型心理契约			0.519***	
发展型心理契约				0.482***

	知识共享行为			
	模型 1	模型 2	模型 3	模型 4
R^2	0.333	0.241	0.239	0.215
F	41.945***	26.656***	26.353***	22.938***

注：*、**、***分别代表 $p<0.05$、$p<0.01$、$p<0.001$。

5.5.2　讨论分析

从实证结果来看，交易型心理契约、关系型心理契约、发展型心理契约同知识共享行为之间均存在正向关系。在实践中，组织重视员工的心理契约，应从交易型心理契约、关系型心理契约和发展型心理契约三个方面着手。

（1）由表 5-16 可以看出，"交易心理契约→知识共享行为"的回归系数为 0.496，表明交易型心理契约对知识共享行为有显著的正向影响，说明交易型心理契约从员工的经济利益入手，让员工采取行动，使其在工作中保持勤劳努力的心理状态以面对工作逆境，而知识共享则是以获得一定的经济利益为前提。因此，我们可以得知，交易型心理契约实际上就是一种经济交换，当组织对于员工的贡献给予相应的薪酬或福利作为回报时，员工会因此而产生知识共享行为，从而有助于组织内的价值创造。

（2）由表 5-16 可以看出，"关系型心理契约→知识共享行为"的回归系数为 0.519，表明关系型心理契约对知识共享行为有显著的正向影响。关系型心理契约员工以长期工在组织中从事劳动工作，并与其他共事者保持和维护组织内的密切关系为代价，以此来换取长期稳定的工作环境和工作保障。在社会交换理论中，人与人在进行互动时实际上是处于一种交换的社会关系，而当交换双方对自己的付出的回报感到满意时，这样的交换关系才能长期稳定且友好地发展，并由此产生一系列的行为使之保持，从而促使知识共享行为的发生。

（3）由表 5-16 可以看出，"发展型心理契约→知识共享行为"的回归系数为 0.482，表明发展型心理契约对知识共享行为有显著的正向影响。在已有的研究中就有实证研究证明：员工成就感可以促进知识共享行为（Hendriks，1999；陈小锋，2012），与此同时，发展型心理契约指的是员工期望组织能够提供具有挑战性的工作任务，以及实现自我价值的机会，从而提升员工个人工作责任感和自主性，员工在此过程中得到来自组织的相应肯定等，进而直接促使个体知识共享行为发生。

综上所述，交易型心理契约、关系型心理契约和发展型心理契约对知识共享行为的积极作用方面，以关系型心理契约最为重要。交易型心理契约主要以经济利益为导向，通过交换知识、技能和信息等来实现自己的目标。随着人们文化素质的提高，人们的知识共享行为不仅仅建立在互惠互利的关系之上，他们会更注重知识的量化和交换价值。对于关系型心理契约而言，虽然存在着价值的交换，但人们会更注重彼此之间的关系，主要体现为建立持久的合作关系和相互间的信任，以实现彼此共同的目标。对于发展型心理契约而言，知识共享对象更期待"成长""学习""探索"等机会，在此情境下，他们在乎的不是经济利益或关系的建立，个人和组织的成长与发展更能激起他们知识共享行为的发生。

5.6 中介变量的模型检验

5.6.1 检验结果

本书假设员工个体和谐倾向在心理契约对知识共享行为的作用中起中介作用，具体的假设模型如图 5-1 所示。

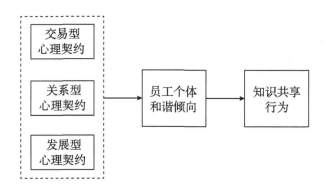

图 5-1 员工个体和谐倾向中介作用模型

本部分采用结构方程对模型进行分析，主要结果如表 5-17~表 5-20 所示。

表 5-17 是员工个体和谐倾向在心理契约与知识共享行为关系中的中介效应检验表。模型 1 和模型 2 证明了心理契约对知识共享行为和员工个体和谐倾向均具备显著的正向影响。模型 3 在模型 1 的基础上加入了中介因素，加入中介因素后，心理契约对知识共享行为的回归系数较小，但仍然显著，证明假设 H4 成立。

表 5-17　员工个体和谐倾向中介效应检验

	模型 1	模型 2	模型 3
	知识共享行为	员工个体和谐倾向	知识共享行为
常数	0.541	1.109**	0.419
性别	0.146*	0.012	0.144*
年龄	−0.028	0.015	−0.030
受教育程度	0.062	−0.124	0.076
工作年限	0.002	0.005	0.001
收入	−0.003	0.029	−0.006
心理契约	0.735***	0.699***	0.657***
员工个体和谐倾向			0.110*
R^2	0.333	0.292	0.342
F	41.945***	34.678***	37.302

注：*、**、***分别代表 $p<0.05$、$p<0.01$、$p<0.001$。

表5-18是员工个体和谐倾向在交易型心理契约与知识共享行为关系中的中介效应检验表。模型1和模型2证明了交易型心理契约对知识共享行为和员工个体和谐倾向具备显著的正向影响。模型3在模型1的基础上加入了中介因素，加入中介因素后，虽然交易型心理契约对知识共享行为的回归系数有所变小，但仍然显著，证明假设H4a成立。

表5-18 员工个体和谐倾向在交易型心理契约与
知识共享行为关系中的中介效应检验

	模型1	模型2	模型3
	知识共享行为	员工个体和谐倾向	知识共享行为
常量	1.563***	2.024***	1.151**
性别	0.120	−0.013	0.123
年龄	−0.039	0.004	−0.040
受教育程度	0.087	−0.100	0.108
工作年限	−0.023	−0.018	−0.019
收入	−0.019	0.014	−0.022
交易型心理契约	0.496***	0.486***	0.396***
员工个体和谐倾向			0.204***
R^2	0.241	0.222	0.273
F	26.656***	23.945***	27.050***

注：*、**、***分别代表$p<0.05$、$p<0.01$、$p<0.001$。

表 5-19 是员工个体和谐倾向在关系型心理契约与知识共享行为关系中的中介效应检验表。模型 1 和模型 2 证明了关系型心理契约对知识共享行为和员工个体和谐倾向有显著的正向影响。模型 3 在模型 1 的基础上加入了中介因素，加入中介因素后，虽然关系型心理契约对知识共享行为的回归系数有所变小，但仍然显著，证明假设 H4c 成立。

表 5-19 员工个体和谐倾向在关系型心理契约与
知识共享行为关系中的中介效应检验

	模型 1	模型 2	模型 3
	知识共享行为	员工个体和谐倾向	知识共享行为
常数	1.499 ***	2.061 ***	1.057 **
性别	0.138 *	0.005	0.137
年龄	-0.061	-0.016	-0.058
受教育程度	0.049	-0.137	0.078
工作年限	0.018	0.019	0.014
收入	-0.015	0.016	-0.019
关系型心理契约	0.519 ***	0.484 ***	0.415 ***
员工个体和谐倾向			0.214 ***
R^2	0.239	0.199	0.276
F	26.353 ***	20.886 ***	27.369 ***

注：* 、* * 、* * * 分别代表 $p < 0.05$、$p < 0.01$、$p < 0.001$。

表 5-20 是员工个体和谐倾向在发展型心理契约与知识共享行为关系中的中介效应检验表。模型 1 和模型 2 证明了发展型心理契约对知识共享行为和员工个体和谐倾向具备显著的正向影响。模型 3 在模型 1 的基础上加入了中介因素，加入中介因素后，虽然发展型心理契约对知识共享行为的回归系数变小，但仍然显著，证明假设 H4d 成立。

表 5-20　员工个体和谐倾向在发展型心理契约与
知识共享行为关系中的中介效应检验

	模型 1	模型 2	模型 3
	知识共享行为	员工个体和谐倾向	知识共享行为
常数	1.472 ***	1.993 ***	1.007 **
性别	0.175 *	0.040	0.166
年龄	0.027	0.068	0.012
受教育程度	0.065	−0.121	0.093
工作年限	−0.045	−0.040	−0.036
收入	−0.015	0.018	−0.019
发展型心理契约	0.482 ***	0.459 ***	0.375 ***
员工个体和谐倾向			0.233 ***
R^2	0.215	0.186	0.259
F	22.938 ***	19.196 ***	25.132 ***

注：*、**、***分别代表 $p<0.05$、$p<0.01$、$p<0.001$。

5.6.2　讨论分析

　　员工个体和谐倾向在心理契约与知识共享行为关系中的中介效应检验结果表明，心理契约对知识共享行为的回归系数虽然变小了但仍显著，说明假设成立。这个研究结果在一定程度上支持和验证了王国保（2010）和朱天一（2018）所提出的观点，即具有和谐倾向的员工处于一种积极的态度，在双方之间的交流互动中呈现出积极主动的状态，体现出支持与信任，使双方愿意交换知识，以达到和谐的目的，创造良好的组织氛围。

　　综上所述，员工个体和谐倾向在心理契约与知识共享行为的关系中起中介作用。在知识共享过程中，尽管交易型心理契约员工以换取经济利益为目的，但为了获得一定的经济利益，员工在对组织保持信任的情况下，一定程度上愿意与其他员工共享知识；关系型心理契约员工个体以换取长期稳定的工作环境和工作保障为交换目的，为了获得长期稳定的工作保障和工作环境，一定程度上也愿意与其他员工共享知识；发展型心理契约员工个体在组织能够提供良好的职业发展机会，且能够较好地获得工作自主性和组织肯定时，在一定程度上会愿意与其他员工共享知识。

5.7　调节变量的模型检验

5.7.1　检验结果

本书假设自我效能感在员工个体和谐倾向对知识共享行为的作用中起调节作用，具体的假设模型如图 5-2 所示。

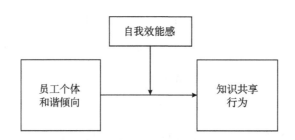

图 5-2　自我效能感调节作用模型

资料来源：笔者整理。

本部分应用回归分析对自我效能感调节作用模型进行检验，分析结果如表 5-21 所示。

表 5-21　自我效能感在员工个体和谐倾向与知识共享行为关系中的调节效应分析

	知识共享行为
常数	3.487***
性别	0.128
年龄	−0.051
受教育程度	0.093
工作年限	−0.006
收入	−0.053
员工个体和谐倾向	0.203***
自我效能感	0.489***
员工个体和谐倾向×自我效能感	0.120**
R^2	0.286
F	25.099***

注：*、**、***分别代表 $P<0.05$、$P<0.01$、$P<0.001$。

表 5-21 是自我效能感在员工个体和谐倾向与知识共享行为关系中的调节效应分析表。自我效能感为调节变量，员工个体和谐倾向为自变量，知识共享行为为因变量。如果想达到调节的效果，必须避免多重共线性现象，对自变量和调节变量进行集中处理并生成交互项。员工个体和谐倾向对知识共享行为的回归系数显著为正，回归系数为 0.203。员工个体和谐倾向和自我效能感的交互项对知识共享行为的回归系数显著为正，其回归系数为 0.120。证明假设：自我效能感在员工个体和谐倾向对知识共享行为的作用中起调节效应成立，且为正向调节。

图5-3为自我效能感在员工个体和谐倾向与知识共享行为关系中的调节效应。在高自我效能感下，员工个体和谐倾向对知识共享行为的斜率要大于低自我效能感，再次证明：自我效能感在员工个体和谐倾向与知识共享行为关系中起正向调节作用。

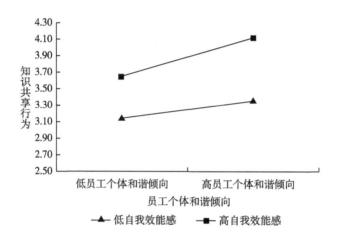

图 5-3　自我效能感在员工个体和谐倾向与知识共享行为关系中的调节效应

资料来源：笔者整理。

5.7.2　讨论分析

经过检验，笔者发现：自我效能感可以调节员工个体和谐倾向对知识共享行为的作用效果，员工自我效能感越高，员工个体和谐倾向对知识共享行为的正向促进作用越强；反之，员工自我效能感越低，员工个体和谐倾向对知识共享行为的正向促进作用越弱。也就是说，自我效能感可以促进员工的认知过程，使人们在不同情境下能够较好地完成任务，在行为选择上，当员工面对困难的情境时，会积极主动应对，对个人发展和自我价值的实现有促进作用。因此，它是人们行动的重要依据（卞玉芳，2003）。

综上所述，本书根据知识共享的互动过程，对知识需求者的知识共享行为进行探讨，只有知识共享需求者对知识进行吸收、转化，并运用于组织中，最终其才会为组织创造价值。也就是说，当员工个体愿意主动学习，又愿意将自己所学所获去帮助他人获取新知识和能力时，知识共享行为才会真正地发生（王雁飞、朱瑜，2012），而自我效能感是对任务完成能力的判断，它能使员工在工作时做出"我能成功"的判断，在个体处于和谐倾向下，完成知识共享。因此，在我国企业组织中，自我效能感在员工个体和谐倾向和知识共享行为关系中起积极的作用。

5.8　本章小结

本章对高校毕业生的知识共享行为进行了实证分析，以验证本书第三章的研究结论。首先，结合核心变量，选取前人研究中成熟的测量量表；其次，进行小样本预调研，检验量表的信度和效度；最后，采用频数分析、信效度检验、描述性统计分析、相关性分析、结构方程等对数据进行探析，从而研究心理契约、员工个体和谐倾向、知识共享行为与自我效能感之间的关系。本章的研究结果表明，心理契约的交易性、相互之间的关系性和发展性三个维度具备显著的正向效果。此外，员工个体和谐倾向起着中介的作用，具备显著的正向效果。另外，通过自我效能感的调节作用分析可以发现，它能有效调节员工个体和谐倾向与知识共享行为之间的关系。

本章的分析验证了前文的研究假设，论证了本书结论的可信度和稳定性。至此，对于所有研究问题的分析和讨论都已完成。下一章将对本书的主要研究结论进行总结，并提出研究展望。

第6章 研究结论与启示

本书探讨了如何通过影响心理契约来提升员工个体的知识共享行为，分别以员工个体和谐倾向及自我效能感为分析的载体，利用定量研究方法分析知识共享行为的影响因素及其作用程度。本书梳理现有文献并构建相关基础理论的整合模型，结合问卷数据，进行回归分析、验证性分析、中介效应检验和调节效应检验，最终得出本书的研究结论。本章在理论研究和实证研究的基础上，对本书的研究结论进行了梳理，阐述了本书的研究贡献与实践启示，并结合实际研究情况，阐明了本书的局限和不足，提出了今后可继续研究的方向。

6.1 研究结论

本书根据社会交换理论、心理契约理论、和谐管理理论和自我效能理论，在梳理和总结现有文献的基础上，对本书提出的核心概念和维度进行了界定和讨论，并在预调研的基础上对各个变量的测量量表进行了调整，经过正式调查问卷数据的收集，对假设关系进行实证研究，考察心理契约对知识共享行为的直接效应，以及员工个体和谐倾向和自我效能感这两个变量在相关作用路径中的中介效应和调节作用。经过检验，本书获得如下三个方面的研究结论。

6.1.1 心理契约对员工个体知识共享行为影响的研究结论

在现有研究中，有关心理契约对知识共享行为影响的研究成果较多。以往的实证研究和量表多以西方学者的研究为基础进行心理契约对知识共享行为的影响研究，大多以高科技企业、制造业、能源企业、知识型企业或者国家公务人员为主，企业中具有大学本科以上学历的员工以及运用本土量表的相关实证研究不足。因此，本书将运用心理契约本土量表，以高等院校毕业后入职企业的员工为对象进行实证研究，通过相关性分析、回归分析，证明员工个体的知识共享行为能够在心理契约的影响下产生显著的正向变化。交易型心理契约员工主要以经济利益为交换目的，强调在雇佣关系中所得的薪酬等。组织中的管理者除了保证员工一定的经济利益外，还应关注员工个体需求满足程度的高低，以便对员工工作满意度进行评估，能更好地对管理措施及激励措施进行相应的调整，提高员工对组织的信任度。关系型心理契约员工重视长期稳定的工作环境和工作保障。因此，要确保个人工作环境和工作保障长期稳定，做好组织整体发展规划，改善工作环境，定期更新办公设备，进一步增强内部沟通，维护组织与工作人员之间的关系，进一步提升员工忠诚度，稳定员工的工作情绪和工作积极性。发展型心理契约员工关注组织为他们提供的职业发展机会，在获得更好的工作自主性的同时，期望得到组织的肯定，这与陈小峰（2012）的研究一致。因此，无论是何种类型的企业，组织在整体发展的同时，都应注重企业管理，发挥引领作用，定期对员工进行培训，构建科学完整的个人发展计划和岗位晋升计划体系，提高员工工作能力和效率，明确个人发展前景，确保员工保持原有的心理契约，从而有效促进组织内员工的知识共享行为。随着时代的发展，市场上出现了大量高新技术企业，但普通型中小企业的发展前景及其如何在市场上站稳脚跟，仍然是一个值得关注的重要问题。员工是组织的重要组成部分，从不同视角对他们的日常工作进行管理，洞察他们的内心想法，及时发现他们在工作中遇到的难点，可以有效促进组织的发展。结合交易型心理契约、关系型心理契约和发展型心理契约的特征，帮助企业及时了解员工在个人发展中遇到的困难，让员工置身于企业内部去突破现有的发展瓶颈，为员工提供足够的发展空间，为调整优化企业内部管理创造机会，及时调整和维护组织与员工之间的信任感和适应度，从中体现出组织对员工的高度重视，有效激发员工在组织内的知识共享行为，帮助组织更好地利用知识资源，实现组织与员工的共同目标，最终做到组织与员工心理契约的双向动态管理，为市场上企业的可持续发展提供有力支持。

6.1.2 员工个体和谐倾向的中介作用的研究结论

本书通过实证研究，验证了员工个体和谐倾向在心理契约和知识共享行为间起中介作用，得出心理契约及其三个维度对知识共享行为的影响效应。这进一步说明组织中人与人之间的和谐与否是影响知识共享行为的重要因素（路琳，2006）。说明员工之间的人际关系和谐有利于知识共享，可为知识共享提供良好的条件，营造良好的知识共享氛围，促进合作共赢，为保持企业的核心竞争力提供有力保障（毛世佩，2008；路琳、陈晓荣，2011）。本书

心理契约对知识共享行为的影响研究

的研究进一步说明并验证了心理契约对知识共享行为具有正向促进作用，而员工个体和谐倾向则在心理契约与知识共享行为之间起中介作用。根据和谐管理理论得知，和谐的概念无论是用于组织内部还是个体之间，都表示事物之间的统一、协调、互利的关系，意味着避免发生冲突（王国保、宝贡敏，2010），这样的和谐管理模式展示了组织健康发展的状态（席酉民，1989）。此外，组织还应围绕以问题为导向的和谐主题优化组织设计，全面提供解决人的能动性问题的相关实践活动（席酉民、尚玉钒，2002），但在管理研究中，鉴于组织中涉及"人"的因素，使研究问题更具复杂性，"和"则借助传统的东方管理智慧——"以和为贵"来处理管理中的各种冲突问题。因此，管理者要充分认识和分析个人在组织中的社会功能，在实际管理中遵循客观规律，为员工个体赢得社会尊重，进一步提升员工的社会责任感，提升其社会地位，充分体现员工自身的价值追求，推进组织管理，促使组织的管理目标与个人追求的价值目标相一致，由此激发组织成员的主动性和积极性，最终达到组织管理效果的提升（李平、张庆普，2008；席酉民等，2020）。本书的研究结果与前人的研究结果相一致，认为和谐强调人与人或是人与事物之间的融洽关系，体现出对稳定的社会的追求，员工和谐倾向则是指在人际发展过程中尽量避免冲突，注重尊重他人，避免以自我为中心，并建立互利互惠关系，促进知识共享行为产生。在这一过程中，员工个人则表现得较为主动且态度积极，愿意与他人互动，并积极参与协调，愿意通过知识共享促进组织的发展。

6.1.3 自我效能感的调节作用的研究结论

本书验证了自我效能感的调节效应，研究结果显示，自我效能感积极影

· 116 ·

响着员工和谐倾向和员工知识共享行为等变量间的关系。自我效能感理论指出，我们每个人都具有有效控制自身多方面的感知能力，自我效能感会对人们的行为和心理产生影响，能让个体在特定情境下相信自己有能力面对学习和生活中的困难，维持积极的态度，并且更愿意努力解决问题，做出有利于自身和组织的主动行为。

根据回归分析结果可知，自我效能感能够调节员工个体和谐倾向与员工知识共享行为之间的关系。随着自我效能感的增加，员工个体和谐倾向对员工知识共享行为的影响也会增加（邵德福，2022）。自我效能感在认知方面，可以提高员工的认知水平，使人们在不同情境下能够较好地完成任务，在行为选择上，当员工面对困难的情境时，会积极主动应对，对个人发展和自我价值的实现有促进作用。也就是说，当员工个体处于和谐倾向情境下，员工的自我效能感会对其任务是否能够完成进行自我能力判断，当做出"我能成功"的判断结果时，员工个体则会把握机会，主动学习，拓展自己的能力和经验，促进知识共享行为的产生。由此可以看出，依据自我效能感所产生的行为不仅是员工行为上的选择，更是员工个人追求成长和发展的选择。

6.2 研究贡献与实践启示

根据心理契约理论等基础理论，系统性地分析了心理契约对员工知识共享行为所产生的影响，基于心理契约—知识共享行为模型，本书检验了心理契约与知识共享对象知识共享行为之间的关系，探索了员工个体和谐倾向的中介作用，挖掘了自我效能感在和谐倾向和员工知识共享行为之间的调节作用。综上所述，本书构建了和谐倾向作用下的知识共享行为产生模型，并具体地探讨了员工个体心理契约对知识共享行为的影响，做出了研究贡献总结，阐述了本书的实践启示。

6.2.1 理论贡献

（1）本书选取定量的实证研究方法进一步验证了心理契约对员工个体知识共享行为的重要性，以及不同视角的心理契约对知识共享行为研究的适用性。目前心理契约的相关研究中，大部分学者以高科技企业、制造业、能源企业、知识型企业或者国家公务人员等为研究对象来进行，采用较多的也是国外成熟量表，极少采用本土量表对传统企业里具有大学本科以上学历的普通员工进行实证研究，可以说对于本科高校毕业生的知识共享行为的研究还未引起足够的重视。根据国家统计局发布的数据，2020年中国高校毕业生的就业率为91.2%。依据高校毕业生的就业率，我们可以推断该群体在中国就业人群中所占比重较大，对此，为帮助组织做好知识管理工作，有效提高组织绩效，本书以关系型心理契约、交易型心理契约、发展型心理契约来分析心理契约对组织内成员知识共享行为产生的影响，面向社会对高等院校毕业后入职企业的511名员工进行问卷调查，通过文献回顾完善本书各变量的维度和研究假设，结合实际优化调整问卷设计，弥补现有研究的不足之处，为心理契约影响知识共享行为的研究提供新的研究视角。

（2）本书在对相关文献进行收集整理后，将心理契约、和谐倾向的概念带入知识共享行为研究领域，探索了和谐倾向影响个体知识共享行为的路径，发现了和谐倾向在心理契约与员工知识共享行为之间具有中介作用，反映出员工个体和谐倾向对个体知识共享行为具有积极影响，丰富了员工个体和谐倾向影响个体知识共享行为的相关研究。以往研究主要从知识共享提供者的知识共享行为、内在作用、知识转移过程方面进行探析，极少重视从知识共享的知识获取者这个角度出发的相关研究，更未关注过知识获取者和谐倾向在心理契约和员工知识共享行为之间的中介作用。本书从知识共享获取者这一个体层面出发，探寻和谐倾向对心理契约与知识共享行为的作用机制，根据积极影响观点，说明员工个体较为主动且态度积极，愿意与他人互动，愿意遵循和谐的基本原则，在人际发展过程中尽量避免冲突，避免以自我为中心，注重尊重他人，从而促进知识共享行为的产生。研究证实了和谐倾向对员工知识共享行为具备显著的影响，不仅拓展了知识管理的研究视角，也丰富了和谐管理的研究成果，为组织行为学和知识和谐管理的研究提供了参考。

（3）本书探究了自我效能感在员工个体和谐倾向与知识共享行为之间的调节作用。通过引入自我效能感来充当和谐倾向与员工个体知识共享行为的调节变量，检验了自我效能感与和谐倾向和员工知识共享行为之间的关系，有助于进一步了解个体如何通过自我效能感的动机差异调节和谐倾向对知识共享行为的影响，可以帮助学者加深对心理契约—知识共享行为模型的理解，拓展了自我效能感作为调节变量的相关研究。研究结果显示，自我效能感可以促进员工的认知，使员工个体愿意主动学习，并愿意用自己所学的知识为他人提供帮助，以较好地完成任务。当员工在行为选择上作出其能完成任务的判断时，尽管处于困难的情境，仍会积极主动应对。该结论与先前的部分研究的结果相一致，由此，也可借助心理契约—和谐倾向来考察自我效能感对员工知识共享行为的调节作用，使学者们在关注知识共享需求者的知识共享行为时，将认知过程、激励过程、情感过程、选择过程作为考量以开展更进一步的研究，为后续员工知识共享行为机制研究提供新的探索性研究方向。

6.2.2　实践启示

本书在理论分析和实证检验的基础上深入研究了心理契约、和谐倾向、自我效能感和员工知识共享行为之间的关系，并发现了有价值的结论。从某种角度来看，这对于一般组织的知识共享管理实践有一定的启示，可为组织更好地开展知识管理和知识共享的实践工作提供理论指导。参照本书的研究内容和结论，本书从组织与个人方面提出以下管理建议：

（1）应重视心理契约管理，构建良性的心理契约关系。在员工和组织的联系中，心理契约不同于正式经济契约，是一种隐含性较强且非正式的未公开的内容，对于组织进行人资管理具有重要意义。通过研究员工在组织内的知识共享过程得知，交易型心理契约员工主要是以经济利益为基础，强调在组织雇佣关系中所得的薪酬等，以满足其预期的心理期待。组织中的管理者除了保证员工一定的经济利益外，还应关注员工个体需求满足程度的高低，以便对员工岗位工作满意度进行评估，能更好地对管理措施及激励措施进行相应的调整，提高交易型心理契约员工对组织的信任度；关系型心理契约员工主要是以个人长期稳定的工作环境和工作保障为基础。因此，要确保个人工作环境和工作保障的长期稳定，做好组织整体发展规划，改善工作环境，定期更新办公设备，进一步增强内部沟通，维护组织与员工之间的关系，进一步提升员工忠诚度，稳定此类员工的工作情绪和工作积极性；发展型心理契约员工关注的是组织能够为其提供良好的职业发展机会，在收获较好的工作自主性时，得到组织的肯定。组织在整体得到发展的同时应注重企业管理，了解员工心理，发挥主导地位，给员工定期进行培训，设置科学的、完整的个人发展规划和职位晋升计划，让员工各方面素质得到提高的同时能清楚地了解个人发展前景。此外，还应及时了解员工在个人发展过程中所遇到的难题，并为其排忧解难，为员工的个人发展创造机会。最终使员工在一定程度上愿意与其他员工产生知识共享行为，为组织绩效的快速增长创造条件。

（2）深入理解和谐的概念，打造和谐管理文化特色。和谐的概念起源甚早，原指声音的相应协调，现引申到其他事物中，指不同事物的协作现象，而无论是用于组织内部还是用于个体之间，都表示事物之间的统一、协调、互利的关系，避免发生冲突。组织如何打造和谐管理的文化特色呢？一方面，员工个体是构成组织的基本单元，组织活动即人的活动，在追求和谐管理时应遵循人性特点，有效分析个人的心理及个体行为，从而更好地实现组织目标。这需要管理者在管理中做到尊重人的价值实现，注重为个体的价值实现提供机会和条件。另一方面，根据社会职能来调节和谐关系以达到组织与个体之间的互利共赢。管理者应了解和分析组织内个体的社会职能，在管理中遵循客观规律，为其赢得社会尊重，提高其社会责任心，提升其社会地位，充分体现员工自身的价值追求，促使组织管理目标与个体价值追求目标相一致，从而为组织中员工个人知识共享行为的产生消除障碍，以实现组织与员工个体的协同发展。

（3）重视员工的参与，进一步提升员工自我效能感。在组织管理过程中，员工与管理者都是重要的、关键的参与者。因此，管理者的支持和鼓励程度、领导风格以及彼此间的沟通方式都会影响到员工个体的认知。员工是组织的重要基础，员工的知识共享行为是组织绩效的重要来源。因此，组织和管理者应重视成员参与，关心支持成员日常工作和生活，为员工提供信息和知识，增强员工的信心和信念。组织员工参加有关内部发展的讨论，让员工相信自己具备组织需要和认可的能力和技能，同时能够增强员工对岗位职责的认知，能够有效增强组织凝聚力，营造良好的工作氛围。最后，调动员工思维，让员工认同组织文化，加强员工对组织目标和价值观的认同，增强员工工作动力，增强员工的归属感，进而促使其积极主动地完成工作任务。

6.3　研究不足与展望

本书基于已有研究，聚焦高等院校毕业生这一群体，就组织内成员知识共享行为以及心理契约对成员个体知识共享行为的作用机理展开详细讨论。虽然本书的研究取得了一定的成果，但仍存在不足之处，有待后续研究进一步完善和补充。

6.3.1　研究不足

（1）本书在调查对象上有一定的局限性。首先，本书在研究时选择面向社会进行样本调查，范围较广，由于不同地区收入水平、岗位区别大，研究所得到的结论是否适用于国内各地区的员工，需要进一步验证；其次，本书调查对象的受教育程度和职业岗位比较广泛，研究结论是否能够体现较为普遍的人群及工作岗位也有待进一步探讨；最后，本书面向社会进行问卷调查，共回收有效问卷 511 份，调查对象的样本数量具有一定限制。

（2）定量研究的限制。分析采用定量研究方法进行，涉及组织内各行各业、各个岗位。在具体调研过程中，因为时间及经费等客观因素的限制，未能采用其他方法，如对调研对象一一进行深入访谈，因此所得结论属于广泛性结论。

（3）理论视角的限制。本书在研究时只考虑了管理学范畴的理论，但根据心理契约概念的内涵和特点可知，心理契约一词还涉及心理学和社会学领域。故在今后的研究中，也可以借鉴其他研究领域的理论视角对心理契约、和谐倾向和知识共享行为的内在作用机理进行检验。

6.3.2 研究展望

对上文所述的研究局限性进行深入分析后，根据具体问题展望未来的研究，笔者认为可从以下三个方面进行拓展和完善：

（1）可针对区域，明确调查样本，提高样本的代表性。可以根据城市发展水平或者同类行业人群收集调查数据，以增加研究结果的确定性和稳定度，降低可能因样本范围过广所导致的数据偏差。

（2）增加定性研究，以提高心理契约对知识共享行为作用过程研究的深度。定量研究方法所得结论属于广泛性结论，是广泛意见的归纳，但问题背后的原因仍值得深入探讨和挖掘。例如，不同类型的心理契约对和谐倾向、自我效能感和知识共享行为的影响力可能会不同，甚至有所差别，其差异形成的原因都值得我们探究。

（3）扩大理论视角，心理契约的概念最初专门用于解释组织行为学里上级与下级之间的关系，随后因心理契约概念的特点及环境因素，学者们也将该概念运用于社会心理学等领域，而在组织构成中，组织成员具有复杂性和多样性的特点，在研究员工的思想、动机、意愿、行为等相关因素时需要考虑到社会学层面的人际关系处理和社会适应程度等，而其问题背后的影响因素和作用都可以进一步探讨。

参考文献

［1］ Ardichvili A, Maurer M, Li W. Cultural Influences on Knowledge Sharing through Online Communities of Practice ［J］. Journal of Knowledge Management, 2006, 10 (1): 94-107.

［2］ Argyris C. Understanding Organizational Behavior ［M］. Homewood, Illinois: The Dorsey Press, 1960.

［3］ Arthur J B, Huntley C L. Ramping up the Organizational Learning Curve: Assessing the Impact of Deliberate Learning on Organizational Performance Undergainsharing ［J］. Academy of Management Journal, 2005, 48 (6): 1159-1170.

［4］ Babock P. Shedding Light on Knowledge Management ［J］. HR Magazine, 2004, 49 (5): 46-51.

［5］ Bandura A. Self-efficacy: Toward a Unifying Theory of Behavioral Change ［J］. Psychological Review, 1977, 84 (2): 191-215.

［6］ Bashir S, Nasir M. Breach of Psychological Contract, Organizational Cynicism and Union Commitment: A Study of Hospitality Industry in Pakistan ［J］. International Journal of Hospitality Management, 2013, 34: 61-65.

［7］ Blau P M. Exchange and Power in Social Life ［M］. New York: John

Wiley & Sons, 1964.

[8] Blau P M. Interaction: Social Exchange [A]//D L Sills (Ed.). International Encyclopedia of the Social Sciences. New York: Macmillan, 1968.

[9] Bock G W, Kim Y G. Breaking the Myths of Rewards: An Exploratory Study of Attitudes about Knowledge Sharing [J]. Information Resources Management Journal, 2002, 15 (2): 14-21. https://doi.org/10.4018/irmj.2002040102.

[10] Bock G W, Zmud R W, Kim Y G, et al. Behavioral Intention Formation in Knowledge Sharing: Examining the Roles of Extrinsic Motivators, Social-Psychological Forces, and Organizational Climate [J]. MIS Quarterly, 2005, 29 (1): 87-111.

[11] Cabrera A, Cabrera E F. Knowledge-sharing Dilemmas [J]. Organization Studies, 2002, 23 (5): 687-710.

[12] C K Lee, Suliman A. Factors Impacting Knowledge Sharing [J]. Journal of Information & Knowledge Management, 2002, 1 (1): 49-56.

[13] Connelly C E, Kelloway E K. Predictors of Employees' Perceptions of Knowledge Sharing Cultures [J]. Leadership & Organization Development Journal, 2003, 24 (5): 294-301.

[14] Croy P, Smith S G, Baker A. The Role of Behavioural States in Enhancing Resilience: A Framework for Cognitive-emotional Regulation [J]. Journal of Applied Psychology, 2020, 112 (3): 421-435. https://doi.org/10.1037/apl0000852.

[15] Cummings J L. Knowledge Transfer across R&D Units: An Empirical Investigation of the Factors Affecting Successful Knowledge Transfer across Intra-and

Inter-organizational Units [D]. The George Washington University, 2002.

[16] Curado C, Graa J, Oliveira M, et al. Knowledge Sharing in Catholic Organizations: A Fuzzy-Set Qualitative Comparative Analysis [J]. International Journal of Knowledge Management (IJKM), 2021, 17 (3): 31-49.

[17] Davenport T H, Prusak L. Worling Knowledge: How Organizations Manage What They Know [M]. Cambridge: Havard Business School Press, 1998.

[18] Dixon N. The Neglected Receiver of Knowledge Sharing [J]. Ivey Business Journal, 2002, 66 (4): 35-40.

[19] Fox A. Beyond Contract: Work, Power, and Trust Relations [M]. Bloomsbury: Faber and Faber, 1974.

[20] Gilbert M, Cordey-Hayes M. Understanding the Process of Knowledge Transfer to Achieve Successful Technological Innovation [J]. Technovation, 1996, 16 (6): 301-312.

[21] Gouldner A W. The Norm of Reciprocity: A Preliminary Statement [J]. American Sociological Review, 1960, 25 (2): 161-178. https://doi. org/10. 2307/2093658.

[22] Hackley C A, Dong Q. International Public Relations Faces Challenges: The Impact of Palanca in Shaping Mexico's Public Relations [Z]. 2001.

[23] Haldin-Herrgard T. Difficulties in Diffusion of Tacit Knowledge in Organizations [J]. Journal of Intellectual Capital, 2000, 1 (4): 357-365.

[24] Hattie J, Biggs J, Purdie N. Effects of Learning Skills Interventions on Student Learning: A Meta-Analysis [J]. Review of Educational Research, 1996, 66 (2): 99-136.

[25] Hendriks P. Why Share Knowledge? The Influence of ICT on the Moti-

vation for Knowledge Sharing [J]. Knowledge and Process Management, 1999, 6 (2): 91-100.

[26] Herriot P, Pemberton C. New Deals: The Revolution in Managerial Careers [M]. New York: John Wiley & Sons, 1995.

[27] Hofstede G. Culture and Organizations [J]. International Studies of Management & Organization, 1980, 10 (4): 15-41.

[28] Homans G C. Social Behavior as Exchange [J]. American Journal of Sociology, 1958, 63 (6): 597-606. https://doi.org/10.1086/222219.

[29] Hooff B V D, Bidder J A D. Knowldge Sharing in Context: The Influence of Organizational Commitment, Communication Climate and CMC Use on Knowledge Sharing [J]. Journal of Knowledge Management, 2004, 8 (6): 117-130.

[30] Hsu M, Ju T, Cetal Y. Knowledge Sharing Behavior in Virtual Communities: The Relationship between Trust, Self-efficacy, and Outcome Expectations [J]. International Journal of Human-Computer Studies, 2007, 65 (2): 153-169.

[31] Huiping Nie. Harmonious Management Pattern of Knowledge Management [J]. Management Science and Engineering, 2012, 6 (4): 42-46.

[32] Hutchings K, Michailova S. Facilitating Knowledge Sharing in Russian and Chinese Subsidiaries: The Role of Personal Networks and Group Membership [J]. Journal of Knowledge Management, 2004, 8 (2): 84-94.

[33] Hwang K K. Face and Favor: The Chinese Power Game [J]. American Journal of Sociology, 1987, 92 (4): 944-974.

[34] Ipe M. Knowledge Sharing in Organizations: A Conceptual Framework [J]. Human Resource Development Review, 2003, 2 (4): 337-359.

[35] Islam T, Rehman S U, Ahmed I. Investigating the Mediating Role of Organizational Politics between Leadership Style and Followers' Behavioral Outcomes [J]. Business Strategy, 2013, 14 (2/3): 80-96.

[36] Kong Y. Research on Harmonious Management Leadership Based on Action Learning [J]. Academic Journal of Business & Management, 2022, 4 (4): 18-21.

[37] Kotter J P. The Psychological Contract: Managing the Joining – up Process [J]. California Management Review, 1973, 15 (3): 91-99.

[38] Kristiina M. Knowledge Sharing through Expatriate Relationships: A Social Capital Perspective [J]. International Studies of Management & Organization, 2007, 37 (3): 108-132.

[39] Lee C K, Al – Hawamdeh S. Factors Impacting Knowledge Sharing [J]. Journal of Information & Knowledge Management, 2002, 1 (1): 49-56.

[40] Lei Y, Zhou Q, Ren J, et al. From "Personal" to "Interpersonal": A Multilevel Approach to Uncovering the Relationship between Job Satisfaction and Knowledge Sharing among IT Professionals [J]. Journal of Knowledge Management, 2022, 26 (6): 1566-1588.

[41] Leung K. Conflict Management Styles in Cross-cultural Settings: A Negotiation Perspective [J]. International Journal of Psychology, 1997, 32 (2): 115-127. https://doi.org/10.1080/00207599708248774.

[42] Leung K, Koch P T, Lu L. A Dualistic Model of Harmony and its Implications for Conflict Management in Asia [J]. Asia Pacific Journal of Management, 2002, 19 (2/3): 201-220.

[43] Leung T, Chan Y K. Face, Favour and Positioning-A Chinese Power

Game [J]. European Journal of Marketing, 2003, 37 (11/12): 1575-1598.

[44] Levinson H. Reciprocation: The Relationship between Man and Organization [J]. Administrative Science Quarterly, 1965, 9 (4): 370-390.

[45] Liao L F. A Learning Organization Perspective on Knowledge-sharing Behavior and Firm Innovation [J]. Human Systems Management, 2006, 25 (4): 227-236.

[46] Li M, Ding M. The Influence of Paradoxical Leadership on Adaptive Performance of New-Generation Employees in the Post-Pandemic Era: The Role of Harmonious Work Passion and Core Self-Evaluation [J]. Sustainability, 2022, 14 (21): 14647-14647.

[47] Lindsey K. Unmasking Barriers to Knowledge Sharing Using a Communication Framework [R]. AMCIS 2003, 2003.

[48] Lin K J, Hsich Y H, Lian W S. Knowledge Sharing and Personality Traits Moderated by Transformational Leadership [J]. Human Systems Management, 2018, 37 (1): 67-80.

[49] Lu L, Leung K, Koch P T. Managerial Knowledge Sharing: The Role of Individual, Interpersonal, and Organizational Factors [J]. Management & Organization Review, 2010, 2 (1): 15-41.

[50] Martinsons M G, Davison R M. Strategic Decision Making and Support Systems: Comparing American, Japanese and Chinese Management [J]. Decision Support Systems, 2007, 43 (1): 284-300.

[51] Martinsons M G, Davison R M. Strategic Knowledge Management Failures in Chinese Enterprises [J]. Journal of Knowledge Management Practice, 2007, 8 (2): 1-15.

[52] Matzler K, Renzl B, Herting S, et al. Personality Traits and Knowledge Sharing [J]. Journal of Economic Psychology, 2008, 29 (3): 301-313.

[53] Michailova S, Hutchings K. National Cultural Influences on Knowledge Sharing: A Comparison of China and Russia [J]. Journal of Management Studies, 2006, 43 (3): 383-405.

[54] Morrison E W, Robinson S L. When Employees Feel Betrayed: A Model of How Psychological Contract Violation Develops [J]. The Academy of Management Review, 1997, 22 (1): 226-256.

[55] Murnighan D. The Effects of Contracts on Interpersonal Trust [J]. Administrative Science Quarterly, 2002, 47 (3): 534-559.

[56] Nonaka I, Takeuchi H. The Knowledge Creation Company: How Japanese Companies Create the Dynamics of Innovation [M]. New York: Oxford University Press, 1995.

[57] Nunnally J, Bernstein I. Psychometric Theory [M]. New York: McGraw Hill, 1994.

[58] Oliveira M, Curado C, Balle A R, et al. Knowledge Sharing, Intellectual Capital and Organizational Results in SMES: Are They Related [J]. Journal of Intellectual Capital, 2020, 21 (6): 893-911.

[59] Rao S, Abdul W K, Kamel Y. Empirical Investigation on the Effects of Culture on Knowledge Sharing and Organization Citizenship Behavior: Study from UAE [J]. Knowledge Management Research & Practice, 2022, 20 (3): 381-393.

[60] Riege A. Three Dozen Knowledge Sharing Barriers Managers Must Consider [J]. Journal of Knowledge Management, 2005, 9 (3): 18-35.

［61］ Rothstein S I, Robinson S K. Conservation and Coevolutionary Implications of Brood Parasitism by Cowbirds ［J］. Trends in Ecology & Evolution, 1994, 9 (5): 162-164.

［62］ Rousseau D M. New Hire Perceptions of Their Own and Their Employer's Obligations: A Study of Psychological Contracts ［J］. Journal of Organizational Behavior, 1990 (11): 389-400.

［63］ Rousseau D M. Psychological and Implied Contracts in Organizations ［J］. Employee Responsibilities and Rights Journal, 1989, 2 (2): 121-139.

［64］ Sarafan M, Lawson B, Roehrich J K, et al. Knowledge Sharing in Project-based Supply Networks ［J］. International Journal of Operations & Production Management, 2022, 42 (6): 852-874.

［65］ Schein E H. Organizational Psychology ［M］. Englewood Cliffs, NJ: Prentice-Hall, 1965.

［66］ Schein E H. Organizational Psychology. 3rd ed ［M］. Englewood Cliffs, NJ: Prentice-Hall, 1980.

［67］ Schlevogt K A. Management and Organizations in the Chinese Context ［J］. Journal of International Business Studies, 2002, 33 (3): 629-632.

［68］ Senge P M. The Fifth Discipline: The Art and Practice of the Learning Organization ［M］. New York: Doubleday Press, 1990.

［69］ Shah H, Hashmi S D, Naz I. Proposing Knowledge Sharing as a Mediator between Positive Gossip and Success of IT Projects ［J］. International Journal of Information Technology Project Management (IJITPM), 2021, 12 (3): 40-49.

［70］ Siemsen E, Roth A V, Balasubramanian S. How Motivation, Opportunity, and Ability Drive Knowledge Sharing: The Constraining-factor Model ［J］.

Journal of Operations Management, 2008, 26 (3): 426-445.

[71] Stenmark D. Information vs. Knowledge: The Role of Intranets in Knowledge Management [C]. Proceedings of the 35th Annual Hawaii International Conference on System Sciences. IEEE, 2002: 928-937.

[72] Tsai W. Knowledge Transfer in Intraorganizational Networks: Effects of Network Position and Absorptive Capacity on Business Unit Innovation and Performance [J]. Academy of Management Journal, 2001, 44 (5): 996-1004.

[73] Tsui A S, Egan T D, O'Reilly C A. Being Different: Relational Demography and Organizational Attachment [J]. Administrative Science Quarterly, 1992, 37 (4): 549-579.

[74] Tsui A S, Lau C M. Management of Enterprises in the People's Republic of China [M]. London: Kluwer Academic Press, 2002.

[75] Tsui A S, Pearce J L, Porter L W, et al. Alternative Approaches to the Employee-organization Relationship: Does Investment in Employees Pay off? [J]. The Academy of Management Journal, 1997, 40 (5): 1089-1121.

[76] Tsui A S, Wu J B. The New Employment Relationship versus the Mutual Investment Approach: Implications for Human Resource Management [J]. Human Resource Management, 2005, 44 (2): 115-121.

[77] Voelpel S C, Han Z. Managing Knowledge Sharing in China: The Case of Siemens Share Net [J]. Journal of Knowledge Management, 2005, 9 (3): 51-63.

[78] Wang M. Paradoxical Leadership and Employee Innovation: Organization-based Self-esteem and Harmonious Passion as Sequential Mediators [J]. Social Behavior and Personality, 2022, 50 (7): 1-10.

［79］Wolfe C, Loraas T. Knowledge Sharing：The Effects of Incentives, Environment, and Person ［J］. Journal of Information Systems, 2008, 22 (2)：53-76.

［80］Zenk L, Hynek N, Edelmann N, et al. Exploring Motivation to Engage in Intraorganizational Knowledge Sharing：A Mixed-methods Approach ［J］. Kybernetes, 2021, 51 (13)：18-32.

［81］Zhang J X, Schwarzer R. Measuring Optimistic Self-beliefs：A Chinese Adaptation of the Ceneral Self-Efficacy Scale ［J］. Psychologia：An International Journal of Psychology in the Orient, 1995, 38 (3)：174-181.

［82］［美］A. 班杜拉. 自我效能：控制的实施（上下册）——当代心理科学名著译丛 ［M］. 缪小春等译. 上海：华东师范大学出版社, 2003.

［83］［美］Barry J Zimmerman, Sebastion Bonner, Robert Kovach. 自我调节学习：实现自我效能的超越 ［M］. 姚梅林, 徐守森, 译. 张厚粲审校. 北京：中国轻工业出版社, 2001.

［84］包玲玲. 雇佣关系对知识共享与助人行为影响机制研究 ［D］. 华中科技大学, 2011.

［85］宝贡敏, 徐碧祥. 国外知识共享理论研究述评 ［J］. 重庆大学学报（社会科学版）, 2007 (2)：43-49.

［86］边玉芳. 学习自我效能感量表的编制与应用 ［D］. 华东师范大学, 2003.

［87］蔡亚华, 程佳琳, 李劲松. 礼之用, 和为贵？和谐管理理论视角下团队亲社会违规氛围对团队绩效的影响 ［J］. 心理学报, 2022, 54 (1)：66-78.

［88］曹威麟, 朱仁发, 郭江平. 心理契约的概念、主体及构建机制研究 ［J］. 经济社会体制比较, 2007 (2)：132-137.

［89］陈诚，廖建桥，文鹏．组织内员工知识共享过程研究：知识接收者视角［J］．图书情报工作，2010（4）：105-108.

［90］陈东平．以中国文化为视角的霍夫斯泰德跨文化研究及其评价［J］．江淮论坛，2008（1）：123-127.

［91］陈加州．员工心理契约的作用模式和管理对策［M］．北京：人民出版社，2007.

［92］陈加洲，方俐洛，凌文轮．心理契约的测量与评定［J］．心理学动态，2001（3）：253-257.

［93］陈加洲，凌文轮，方俐洛．组织中的心理契约［J］．管理科学学报，2001（2）：74-78.

［94］陈加洲，凌文输，方俐洛．员工心理契约结构维度的探索与验证［J］．科学学与科学技术管理，2004（3）：94-97.

［95］陈嘉晟，张文明．家校互动的类型表征及其对青少年自我效能感的影响——基于"中国教育追踪调查"的实证研究［J］．教育发展研究，2022，42（22）：51-58.

［96］陈玮．知识型员工心理契约管理［J］．科学咨询（科技·管理），2017（4）：43.

［97］陈文春，张义明，陈桂生．从职业认同到工作投入：公共服务动机的中介作用与自我效能感的调节作用［J］．中国人力资源开发，2018（2）：118-128.

［98］陈小锋．知识员工心理契约对知识共享意愿的影响研究［D］．江西财经大学，2012.

［99］陈晓红，周源．基于扎根理论的开源软件项目成员间知识共享模式质性研究［J］．管理学报，2022，19（6）：901-909.

［100］陈晓萍，徐淑英，樊景立．组织与管理研究的实证方法（第二版）［M］．北京：北京大学出版社，2012.

［101］池丽萍，辛自强．大学生学习动机的测量及其与自我效能感的关系［J］．心理发展与教育，2006（2）：64-70.

［102］初浩楠．中国文化环境下企业人际信任及其对知识共享的影响研究［D］．华中科技大学，2008.

［103］储节旺，张静．开放式协同产品开发的知识管理机制研究［J］．情报理论与实践，2016，39（7）：61-66. DOI：10.16353/j.cnki.1000-7490.2016.07.012.

［104］丁超，王运武．智慧学习空间：从知识共享到知识创造［J］．现代教育技术，2017，27（8）：38-44.

［105］丁川．员工心理契约对知识共享行为的影响研究［D］．湖南大学，2011.

［106］段光，庞长伟，金辉．面子、奖罚与知识共享的跨层次研究［J］．科研管理，2018，39（8）：164-171.

［107］范梅玉，杨庆舟，王强．组织公平对知识共享行为的影响及其对策研究——以河北省国有企业为例［J］．运筹与管理，2022，31（10）：235-239.

［108］范明华．论儒家的和谐思想及其局限［J］．湖南大学学报（社会科学版），2009，23（4）：106-110.

［109］方斌．高职大学生自我效能感对学习收获的影响机制研究——基于社会支持的中介作用［J］．职业技术教育，2022，43（2）：47-52.

［110］方战广．和谐劳动关系五力协调与雇佣目标相关研究［D］．浙江师范大学，2020.

［111］海闻．中国的对外贸易环境与政策变化［J］．商务周刊，2006（13）：66．

［112］韩巍，席酉民．再论和谐管理理论及其对实践与学术的启发［J］．西安交通大学学报（社会科学版），2021，41（1）：39-50．

［113］郝怡然．员工知识共享行为的研究述评与未来展望［J］．广西质量监督导报，2020（11）：70-71+5．

［114］何明芮，李永建．心理契约类型对隐性知识共享意愿影响的实证研究［J］．管理学报，2011，8（1）：56-60．

［115］胡继魁．基于心理契约的企业和谐劳动关系构建策略［J］．中国劳动，2015（17）：38-40．

［116］胡士强，彭纪生，周路路．关系取向、面子需求与组织内知识共享——中国情境下知识共享意愿的探讨［J］．上海管理科学，2010，32（4）：81-86．

［117］胡曦玮．儒家文化对企业内部知识共享行为影响因素研究［D］．安徽大学，2014．

［118］黄囇莉．人际和谐与冲突：本土化的理论与研究［J］．台北：桂冠，1999．

［119］黄芳铭．结构方程模式：理论与应用［M］．北京：中国税务出版社，2003．

［120］黄光国．儒家关系主义：文化反思与典范重建［M］．北京：北京大学出版社，2006．

［121］黄国泉，刘淑敏，李鑫涛．我国中小企业员工心理契约对关系绩效影响的实证研究［J］．技术经济，2013，32（10）：121-126．

［122］黄莉．华人人际和谐与冲突：本土化的理论与研究［M］．重

庆：重庆大学出版社，2007.

[123] 霍沛．知识共享视域下的新型产业创新生态系统研究——以科大讯飞成长为例 [J]. 科学管理研究，2021，39（5）：65-71.

[124] [荷] 吉尔特·霍夫斯泰德，格特·扬·霍夫斯泰德．文化与组织：心理软件的力量 [M]. 李原，孙健敏，译．北京：中国人民大学出版社，2010.

[125] 贾建锋，陈宬，焦玉鑫．如何唤醒"装睡的员工"：人力资源管理强度对知识共享的影响机制研究 [J]. 东北大学学报（社会科学版），2021，23（4）：26-33，98.

[126] 解进强，付丽茹．企业员工心理契约与敬业度的关系——以物流企业为例 [J]. 中国流通经济，2018，32（9）：108-119.

[127] 金辉，段光，李辉．面子、人情与知识共享意愿间关系的实证研究：基于知识隐性程度的调节效应 [J]. 管理评论，2019，31（5）：147-162.

[128] 金耀基．"面"、"耻"与中国人行为之分析 [A]//翟学伟．中国社会心理学评论（第二辑）．北京：社会科学文献出版社，2006.

[129] 金耀基．人际关系中的人情分析 [A]//杨国枢．中国人的心理．南京：江苏教育出版社，2006.

[130] 李辰．A 供暖公司员工心理契约与知识共享关系研究 [D]. 首都经济贸易大学，2019. DOI：10.27338/d.cnki.gsjmu.2019.000794.

[131] 李承龙．社会支持与大学生在线体育学习投入的关系：自我效能感和自主动机的链式中介作用 [J]. 山东体育学院学报，2022，38（5）：111-118.

[132] 李春生．我国民营企业劳动关系和谐管理模式研究——基于和谐

管理理论的视角［J］.中国劳动关系学院学报，2014，28（3）：17-21.

［133］李佳宾，朱秀梅，汤淑琴.知识共享研究述评与未来展望［J］.情报科学，2019，37（5）：166-172.DOI：10.13833/j.issn.1007-7634.2019.05.026.

［134］李佳泽，李洋.自我效能在大学生负性生活事件中的调节作用［J］.红河学院学报，2022，20（2）：135-137.

［135］李君，王培林.知识共享研究文献计量分析［J］.合作经济与科技，2019（17）：129-133.DOI：10.13665/j.cnki.hzjjykj.2019.17.046.

［136］李康.知识型企业员工知识共享影响因素研究［D］.太原理工大学，2011.

［137］李平，张庆普.从知识共享到知识和谐：一种知识管理观念［J］.商业经济与管理，2008（3）：20-25.

［138］李庆安.基于中国文化的人格与动机理论——中国人格模型与关键需要理论［J］.心理科学，2016，39（2）：497-511.

［139］李文元，翟晓星，徐芳.人际关系动机对虚拟品牌社区知识共享行为的影响机制研究——一个被调节的中介模型［J］.管理评论，2018，30（7）：89-99.DOI：10.14120/j.cnki.cn11-5057/f.2018.07.009.

［140］李霞.高校创新型科研团队知识共享行为、学习行为及团队绩效研究［J］.软科学，2012，26（6）：83-87+91.

［141］李怡然.我国企业内部人际和谐对员工工作倦怠的影响研究［D］.东北师范大学，2015.

［142］李原，郭德俊.员工心理契约的结构及其内部关系研究［J］.社会学研究，2006（5）：162-169.

［143］李原.企业员工的心理契约——概念、理论及实证研究［M］.

上海：复旦大学出版社，2006.

[144] 李原，孙健敏．雇佣关系中的心理契约：从组织与员工双重视角下考察契约中"组织责任"的认知差异 [J]．管理世界，2006（11）：101-110.

[145] 李原．员工心理契约的结构及相关因素研究 [D]．首都师范大学，2002.

[146] 梁启华，余光胜．基于心理契约的企业默会知识转化与共享管理 [J]．研究与发展管理，2006（1）：77-85.

[147] 梁漱溟．中国文化要义 [M]．上海：上海人民出版社，2011.

[148] 林东清．知识管理理论与实务 [M]．李东，改编．北京：电子工业出版社，2005.

[149] 刘海珍．组织成员心理契约失衡及重构 [J]．领导科学，2017（21）：11-12.

[150] 刘健．吸收能力视角下隐性知识共享与产业集聚的互动关系——以物流业为例 [J]．商业经济研究，2022，845（10）：105-108.

[151] 刘娟娟．动机理论研究综述 [J]．内蒙古师范大学学报（教育科学版），2004（7）：68-70.

[152] 刘莉莉，周照林．校本教研参与对教师实践性知识的影响——组织支持感的中介作用及教师自我效能感的调节作用 [J]．教师教育研究，2022，34（2）：7-14. DOI：10.13445/j.cnki.t.e.r.2022.02.001.

[153] 刘丽丽．个体学习和知识共享对团队结构及成员创新行为的影响研究 [D]．西安电子科技大学，2016.

[154] 刘晔，曲如杰，时勘．基于自我期待和自我实现视角的创新工作要求对员工创新行为的影响机制 [J]．管理评论，2018，30（7）：162-172.

[155] 陆昌勤，方俐洛，凌文辁．组织行为学中自我效能感研究的历史、现状与思考 [J]．心理科学，2002（3）：345-346.

[156] 陆卫明，李红，赵述颖．和谐思想的传统蕴涵及其现代诠释 [J]．西安交通大学学报（社会科学版），2013（1）：95-105.

[157] 路翠艳，潘芳，方方．大学生主动、被动拖延与正念、自我效能感的关系 [J]．山东大学学报（医学版），2021，59（10）：108-113.

[158] 路琳，陈晓荣．人际和谐取向对知识共享行为的影响研究 [J]．管理评论，2011，23（1）：68-74.

[159] 路琳，梁学玲．知识共享在人际互动与创新之间的中介作用研究 [J]．南开管理评论，2009（1）：118-123.

[160] 路琳．人际关系对组织内部知识共享行为的影响研究 [J]．科学学与科学技术管理，2006，27（4）：116-121.

[161] 罗文豪，孙雨晴，高枫，等．教练型领导对员工主观职业成功的影响机制研究 [J]．管理学报，2020，17（7）：998-1006.

[162] 罗志勇．知识共享机制研究 [M]．北京：北京图书馆出版社，2003.

[163] 骆冬嬴，徐世勇．社会交换理论下工作场所欺骗与组织公民行为的机制研究 [J]．东北大学学报（社会科学版），2023，25（5）：60-68.

[164] 马如霞．知识型员工知识共享的影响因素研究综述 [J]．中国集体经济，2019（28）：77-78.

[165] 毛世佩．人际和谐倾向、分配公平倾向对个人创新行为影响研究 [D]．浙江大学，2008.

[166] 彭灿．供应链中的知识流动与组织间学习 [J]．科研管理，2004（3）：82-86.

[167] 彭川宇. 知识型员工心理契约特征维度研究 [J]. 商场现代化, 2008 (1): 58.

[168] 彭川宇. 知识员工心理契约与其态度行为关系研究 [D]. 西南交通大学, 2008.

[169] 彭伟, 徐晓玮, 陈佳贤. 正念对员工创造力的影响机制研究——一个有调节的中介模型 [J]. 财经论丛, 2022 (4): 94-104. DOI: 10.137 62/j. cnki. cjlc. 2022. 04. 009.

[170] 彭正龙, 沈建华, 朱晨海. 心理契约: 概念、理论模型以及最新发展研究 [J]. 心理科学, 2004 (2): 456-458. DOI: 10.16719/j. cnki. 1671-6981. 2004. 02. 062.

[171] 钱士茹, 徐自强, 赵斌斌. 新生代员工心理契约和离职倾向的关系研究 [J]. 当代青年研究, 2015, 335 (2): 81-87.

[172] 桑青松. 自我调节学习: 策略型学习者实现自我效能的超越 [J]. 心理科学, 2004 (5): 1239-1241.

[173] 邵德福. 动机视角下管理者支持与员工主动创新行为关系的纵向研究 [D]. 吉林大学, 2022.

[174] 沈斌. 中小企业员工心理契约结构调查分析 [J]. 沈阳工程学院学报 (社会科学版), 2015, 11 (1): 50-55.

[175] 石若坤, 刘新华. 心理契约: 构建和谐劳动关系的新视角 [J]. 中国劳动关系学院学报, 2007 (3): 13-17.

[176] 石若坤. 心理契约视野下的和谐劳动关系构建 [J]. 学术交流, 2007 (7): 112-115.

[177] 史建锋. 互联网环境下产学研知识创新联盟合作研究 [D]. 哈尔滨工业大学, 2017.

[178] 史江涛. 员工关系、沟通对知识共享与知识整合作用的机制研究 [D]. 浙江大学, 2007.

[179] [美] 斯蒂芬·P. 罗宾斯. 组织行为学 [M]. 孙健敏, 李原, 译. 北京: 中国人民大学出版社, 2005.

[180] 宋芳. 高新技术企业组织内员工知识分享行为及其激励机制研究 [D]. 天津大学, 2020. DOI: 10.27356/d. cnki. gtjdu. 2020.000249.

[181] 孙雪梅. 员工帮助计划（EAP）对知识型员工心理契约的影响研究 [D]. 辽宁大学, 2016.

[182] 孙彦玲, 张丽华. 雇佣关系研究述评: 概念与测量 [J]. 首都经济贸易大学学报, 2013, 15（1）: 94-103. DOI: 10.13504/j. cnki. issn100 8-2700. 2013.01.017.

[183] 唐菁菁, 赵挺生. 心理契约理论在人力资源管理中的耦合与应用 [J]. 东南学术, 2017（1）: 120-126. DOI: 10.13658/j. cnki. sar. 2017.01.013.

[184] 唐于红, 毛江华. 个体感知差异和职场排斥对知识共享行为的影响机制 [J]. 科研管理, 2020, 41（4）: 200-208.

[185] 唐于红, 赵琛徽, 陶然, 等. 地位竞争动机对个体知识共享行为的影响 [J]. 科技进步与对策, 2020, 37（10）: 118-127.

[186] 唐源. 心理资本、工作投入和知识分享对员工创新行为的影响机制研究 [D]. 电子科技大学, 2021.

[187] 汪轶, 谢荷锋, 王凯, 等. 论知识分享的七大研究视角 [J]. 重庆大学学报（社会科学版）, 2008（5）: 48-53.

[188] 王爱国, 程郎可意. 大学生主动性人格对择业焦虑的影响: 择业自我效能感和求职清晰度的链式中介作用 [J]. 黑龙江高教研究, 2022, 40（7）: 132-137. DOI: 10.19903/j. cnki. cn23-1074/g. 2022.07.017.

[189] 王才康，胡中锋，刘勇．一般自我效能感量表的信度和效度研究 [J]．应用心理学，2001（1）：37-40.

[190] 王国保，宝贡敏．中国文化背景下知识共享的维度与测量 [J]．现代管理科学，2010（3）：16-18.

[191] 王国保．中国典型文化对员工知识共享的作用研究 [J]．华东经济管理，2014，28（6）：118-122.

[192] 王国保．中国文化因素对知识共享、员工创造力的影响研究 [D]．浙江大学，2010.

[193] 王惠卿．当代我国私营企业的劳动力发展问题研究 [D]．福建师范大学，2012.

[194] 王立峰．知识管理视角下个人学习环境（PLE）构建研究 [D]．东北师范大学，2014.

[195] 王立生．社会资本、吸收能力对知识获取和创新绩效的影响研究 [D]．浙江大学，2007.

[196] 王丽丽，卢小君．大学创新团队成员心理契约与知识共享 [J]．技术经济与管理研究，2011（10）：32-35.

[197] 王楠，张士凯，赵雨柔．在线社区中领先用户特征对知识共享水平的影响研究——社会资本的中介作用 [J]．管理评论，2019，31（2）：82-93.

[198] 王鹏．知识型员工知识隐藏行为形成机理研究 [D]．大连理工大学，2019.

[199] 王倩，朱永华．心理契约与企业和谐劳动关系构建文献综述 [J]．湖北经济学院学报（人文社会科学版），2011，8（10）：73-74.

[200] 王士红，顾远东．国家审计人员心理契约、工作满意度与知识共

享行为 [J]. 审计研究, 2012 (1): 48-54.

[201] 王文芳. 组织支持感对员工知识共享行为的影响机理研究 [D]. 山西财经大学, 2016.

[202] 王霄, 胡军. 华人文化与团队领导的管理认知——一项基于线性结构方程模型的实证研究 [J]. 暨南学报 (哲学社会科学版), 2005 (6): 1-6+137.

[203] 王晓霞, 乐国安. 当代中国人际关系中的文化嬗变 [J]. 社会科学研究, 2001 (2): 105-110.

[204] 王雁飞, 朱瑜. 组织社会化、信任、知识分享与创新行为: 机制与路径研究 [J]. 研究与发展管理, 2012, 24 (2): 34-46. DOI: 10.13581/j. cnki. rdm. 2012. 02. 006.

[205] 王振源, 段永嘉, 王燕榕. 徒弟寻求反馈促进导师知识共享? 一个有中介的调节作用模型 [J]. 管理工程学报, 2018 (4): 20-27.

[206] 温忠麟, 侯杰泰, 张雷. 调节效应和中介效应的比较和应用 [J]. 心理学报, 2005, 37 (2): 268-274.

[207] 文鹏, 包玲玲, 陈诚. 基于社会交换理论的绩效评估导向对知识共享影响研究 [J]. 管理评论, 2012, 24 (5): 127-136.

[208] 文鹏, 廖建桥. 国外知识共享动机研究述评 [J]. 科学学与科学技术管理, 2008 (11): 92-96.

[209] 吴九君, 郑日昌. 大学生心理和谐量表的编制 [J]. 中国健康心理学杂志, 2011, 19 (5): 622-624.

[210] 吴明隆. 问卷统计分析实务——SPSS 操作与应用 [M]. 重庆: 重庆大学出版社, 2010.

[211] 吴强. 弱关系网络中的企业员工知识共享行为研究 [D]. 重庆大

学，2016.

　　[212] 吴晓亮. 个体情绪智力与自我效能感对适应性绩效的影响研究 [D]. 昆明理工大学，2014.

　　[213] 吴勇. 知识型企业员工知识共享行为的作用机理研究 [D]. 合肥工业大学，2012.

　　[214] 伍紫君，翟育明，王震，等. 心理契约、员工知识共享意愿与创新绩效：基于技术融合模式的调节效应 [J]. 上海对外经贸大学学报，2018，25（4）：59-71. DOI：10. 16060/j. cnki. issn2095-8072. 2018. 04. 006.

　　[215] 席酉民，韩巍，葛京. 和谐管理理论研究 [M]. 西安：西安交通大学出版社，2006.

　　[216] 席酉民. 和谐管理理论视野下的工程管理与工程哲学 [R]. 第164 场中国工程科技论坛——构建工程管理理论体系，2013.

　　[217] 席酉民. 和谐理论与战略 [M]. 贵阳：贵州人民出版社，1989.

　　[218] 席酉民，尚玉钒. 和谐管理理论 [M]. 北京：中国人民大学出版社，2002.

　　[219] 席酉民，熊畅，刘鹏. 和谐管理理论及其应用述评 [J]. 管理世界，2020，36（2）：195-209，227.

　　[220] 徐光，钟杰，高阳. 知识型员工创新行为激励策略研究——基于心理契约视角 [J]. 科学管理研究，2016（4）：89-92.

　　[221] 许超，贺政凯. 个人差异如何影响知识共享行为——内在动机的多重中介作用 [J]. 科技管理研究，2019，39（5）：153-158.

　　[222] 许成磊. 基于界面管理的创新团队和谐管理机制评价及应用研究 [D]. 昆明理工大学，2014.

[223] 严进，胡敏，潘慧珍．关于新入职员工心理契约的结构探索与验证 [J]．管理学报，2010，7（10）：1472-1476.

[224] 严中华．基于社会认知理论的学习行为动力学模型研究 [D]．华中师范大学，2020.

[225] 杨芳，刘平青，何小海，等．企业师徒关系对徒弟角色内行为的影响研究——基于组织支持感和徒弟知识共享的链式中介模型 [J]．软科学，2021，35（9）：100-105.

[226] 杨付，张丽华．团队沟通、工作不安全氛围对创新行为的影响：创造力自我效能感的调节作用 [J]．心理学报，2012，44（10）：1383-1401.

[227] 杨国枢．中国人的心理与行为：本土化研究 [M]．北京：中国人民大学出版社，2003.

[228] 杨慧芳，顾建平．企业管理者的情绪智力、自我效能感、成就动机研究 [J]．心理科学，2007（3）：719-722. DOI：10.16719/j.cnki.1671-6981.2007.03.052.

[229] 杨晶照．工作场所中员工创新的内驱力：员工创造力自我效能感 [J]．心理科学进展，2011，19（9）：1363-1370.

[230] 杨吕乐，张敏，张艳．国内外知识共享研究的系统综述：基础理论、知识体系与未来展望 [J]．图书馆学研究，2018（8）：2-11. DOI：10.15941/j.cnki.issn1001-0424.2018.08.001.

[231] 杨皖苏，杨善林．主动性-被动性员工创新行为：基于挑战性-阻断性压力源双路径分析 [J]．科学学与科学技术管理，2018，39（8）：130-144.

[232] 叶福华. 论企业管理中的和谐构建 [J]. 中国管理信息化, 2006, 9 (1): 6-7.

[233] 喻登科, 李亚平, 周荣. 基于社会心理的隐性知识共享模型 [J]. 情报理论与实践, 2014, 37 (11): 61-66+43.

[234] 曾颢, 勒系琳, 黄丽华. 新型学徒制中企业与新生代学徒的关系构建研究——基于心理契约理论的视角 [J]. 职教论坛, 2019 (3): 45-50.

[235] 翟学伟. 中国人际关系的特质——本土的概念及其模式 [J]. 社会学研究, 1993 (4): 74-83.

[236] 张爱卿. 论人类行为的动机——一种新的动机理论构理 [J]. 华东师范大学学报 (教育科学版), 1996 (1): 71-80.

[237] 张国峥. 组织氛围对员工知识共享的影响研究 [D]. 西北工业大学, 2015.

[238] 张宏宇, 郎艺, 王震. "制度" 与 "人" 是互补还是替代? 高绩效人力资源管理系统和领导支持对员工关系型心理契约的影响 [J]. 管理评论, 2021, 33 (12): 213-229.

[239] 张剑, 郭德俊. 内部动机与外部动机的关系 [J]. 心理科学进展, 2003, 11 (5): 545-550.

[240] 张克兢. 基于知识获取视角的在校大学生创业学习研究 [D]. 东华大学, 2014.

[241] 张明亲, 付睿, 谢立仁. 员工心理契约契合度及其评价 [J]. 企业经济, 2014, 404 (4): 37-42.

[242] 张铭凯, 黄瑞昕, 吴晓丽. 大学生学习投入与学习自我效能感关系的实证研判 [J]. 教育学术月刊, 2021, 352 (11): 83-90.

[243] 张睿, 张念淮. 高校学生管理中知识共享的影响因素分析——评

《高校学生管理中的知识共享研究》[J]. 中国测试，2021，47（6）：175.

[244] 张润彤，朱晓敏. 知识管理学 [M]. 北京：中国铁道出版社，2008.

[245] 张爽. 知识共享及其影响因素的实证研究 [J]. 情报理论与实践，2008（4）：502-506.

[246] 张万鸢，梁雨，周利华. 自我效能在本科护生情绪智力与文化智力间的中介效应 [J]. 护理学报，2022，29（10）：14-18. DOI：10.16460/j. issn1008-9969. 2022. 10. 014.

[247] 张晓东，朱敏. 激励、同事态度和个人文化对知识共享的影响 [J]. 科研管理，2012，33（10）：97-105.

[248] 张晓. 动机理论视角下大学生创新创业现状分析 [J]. 科教导刊（下旬），2019（3）：178-179.

[249] 张志千. 中国传统文化对企业人的道德教化功能研究 [D]. 东北师范大学，2015.

[250] 张竹林. 审计人员心理契约对其知识共享行为的作用及其机制研究 [D]. 南京大学，2015. DOI：10.27235/d. cnki. gnjiu. 2015. 000279.

[251] 赵恒春，李祥权. 资质过剩感对组织知识共享行为的影响途径——基于中国传统文化价值观的调节作用 [J]. 郑州大学学报（哲学社会科学版），2022，5（1）：51-55.

[252] 赵红丹，彭正龙，梁东. 组织信任、雇佣关系与员工知识分享行为 [J]. 管理科学，2010（6）：33-42.

[253] 赵书松，廖建桥. 关系绩效考核对员工知识共享行为影响的实证研究 [J]. 管理学报，2013，10（9）：1323-1329.

［254］赵书松，廖建桥．团队性绩效考核对个体知识共享行为影响的实证研究［J］．图书情报工作，2011，55（24）：90-96.

［255］赵书松．中国文化背景下员工知识共享的动机模型研究［J］．南开管理评论，2013，16（5）：26-37.

［256］郑文全．知识管理和知识管理系统：概念基础和研究课题［J］．管理世界，2012，12（5）：157-169.

［257］周孟宣．人际信任、知识共享对员工创造力的影响研究［D］．青岛大学，2020.

［258］周文霞．职业成功：从概念到实践［M］．上海：复旦大学出版社，2006.

［259］朱桂焱．企业内部员工隐性知识共享机制研究［D］．华中科技大学，2018.

［260］朱天一．中国文化情境下员工知识分享前因变量的探讨［J］．企业经济，2018，37（3）：118-123. DOI：10. 13529/j. cnki. enterprise. economy. 2018. 03. 017.

［261］朱文清．新格局下地方版国家教材的营销战略及营销策略研究——以粤版教材的经营开发为例［J］．广东职业技术教育与研究，2020（6）：199-206. DOI：10. 19494/j. cnki. issn1674-859x. 2020. 06. 068.

［262］朱文殷．心理契约概念及其对雇佣关系性质的影响研究［J］．中国商论，2020（21）：136-140.

［263］朱仙玲，姚国荣．心理契约：研究评述及展望［J］．广东石油化工学院学报，2019，29（6）：88-92.

［264］朱晓妹，王重鸣．中国背景下知识型员工的心理契约结构研究［J］．科学学研究，2005（1）：118-122. DOI：10. 16192/j. cnki. 1003-2053.

2005. 01. 022.

［265］朱雅钰．新业态和谐劳动关系构建研究［D］．河北大学，2021.

［266］邹宏．基于超网络的组织内知识转移模型与方法研究［D］．江西财经大学，2015.

附　录

心理契约对知识共享行为的影响研究调查问卷

尊敬的先生/女士：

您好！非常感谢您在百忙之中参与此次问卷调查！这是一份纯粹的学术研究调查问卷，调查所得的资料仅用于学术研究，不会对您的生活和工作造成不良影响。本次问卷调查旨在了解心理契约、知识共享客体和谐倾向、自我效能感、知识共享行为之间的关系。本次问卷采用匿名方式，不用于商业，不涉及个人隐私。我们承诺对您回答的全部内容严格保密，请您放心作答。非常感谢您的热情帮助！

1. 个人基本信息

您的性别：[单选题]*

○男　　　　　　○女

2. 您的年龄段：［单选题］*

○18~25 岁　　　○26~30 岁　　　○31~40 岁　　　○41 岁及以上

3. 您的受教育程度：［单选题］*

○本科　　　　　○硕士及以上

4. 您在本单位工作的年限：［单选题］*

○1 年以下　　　○1~2 年　　　　○3~4 年　　　　○4 年及以上

5. 您目前的收入：［单选题］*

○每月 2000 元以下　　　　　　　○每月 2000~5000 元

○每月 5000~8000 元　　　　　　　○每月 8000 元及以上

6. 下列是您可能具有的感受，1~5 代表从"非常不同意"到"非常同意"，请根据您的真实想法进行选择。其中，1＝非常不同意；2＝比较不同意；3＝一般；4＝比较同意；5＝非常同意。

（1）心理契约［矩阵量表题］*

	1	2	3	4	5
单位提供了有吸引力的薪酬和福利	○	○	○	○	○
与其他员工相比，单位提供的薪酬和福利比较公平	○	○	○	○	○
单位提供了合理的绩效奖励	○	○	○	○	○
与其他类似的单位相比，本单位的薪酬和福利具有竞争力	○	○	○	○	○
单位提供了培训和学习的机会	○	○	○	○	○
单位提供了长期的工作保障	○	○	○	○	○

续表

	1	2	3	4	5
单位提供了良好的晋升渠道	○	○	○	○	○
我在工作时能够得到上级的指导、支持和鼓励	○	○	○	○	○
单位提供完成工作所需的资源和设备	○	○	○	○	○
单位提供了良好的沟通渠道，认真听取员工的意见	○	○	○	○	○
单位关心员工的个人生活和成长	○	○	○	○	○
单位提供互相合作的工作氛围	○	○	○	○	○
单位对我的成绩和贡献能够给予肯定	○	○	○	○	○
单位提供适合的、能发挥自己才能的工作	○	○	○	○	○
单位给我提供较为丰富的职业发展机会	○	○	○	○	○
我在工作中有自主性	○	○	○	○	○
单位给我应有的尊重和信任	○	○	○	○	○
单位提供了有意义的、具有挑战性的工作	○	○	○	○	○
单位鼓励员工创新，并积极接纳新观念	○	○	○	○	○

（2）员工个体和谐倾向［矩阵量表题］*

	1	2	3	4	5
我认为容忍一切是美德	○	○	○	○	○
我强烈赞同"家和万事兴"的观点	○	○	○	○	○
我认为与别人和谐相处是取得成功的重要条件	○	○	○	○	○
我认为维持人际和谐是生活中的一个重要目标	○	○	○	○	○
我觉得维持与同事的和谐关系能使我拥有更广阔的视野	○	○	○	○	○
我觉得同事之间应当和睦相处	○	○	○	○	○

（3）知识共享行为［矩阵量表题］*

	1	2	3	4	5
参与讨论时我会尽可能地提供自己的意见	○	○	○	○	○
对于同事提出的问题，我会尽可能地解答	○	○	○	○	○
我能快速地找到执行工作所需要的知识	○	○	○	○	○
我对新观点或新事物会采取接纳的态度	○	○	○	○	○

续表

	1	2	3	4	5
我会以他人理解的方式表达我的意见	○	○	○	○	○
我有能力分辨出对于本工作有价值的知识	○	○	○	○	○
我可以快速地找到执行工作所需要的特殊技巧	○	○	○	○	○

（4）自我效能感［矩阵量表题］*

	1	2	3	4	5
如果我尽力去做的话，我总是能够解决问题	○	○	○	○	○
即使别人反对我，我仍有办法取得我所要的	○	○	○	○	○
对我来说，坚持理想和达成目标是轻而易举的	○	○	○	○	○
我自信能有效地应付任何突如其来的事情	○	○	○	○	○
以我的才智，我定能应付意料之外的情况	○	○	○	○	○
在工作中，如果我付出必要的努力，我一定能解决大多数的难题	○	○	○	○	○
我能冷静地面对工作中的困难，因为我信赖自己处理问题的能力	○	○	○	○	○
面对一个难题时，我通常能找到几个解决方法	○	○	○	○	○

续表

	1	2	3	4	5
有麻烦的时候，我通常能想到一些应对的方法	○	○	○	○	○
无论什么事发生在我身上，我都能应对自如	○	○	○	○	○